XUE KE XUE MEI LI DA TAN

学科学魅力大探索

破译密码解读

方士娟 编著　丛书主编 周丽霞

古迹：还原古迹的真相

汕头大学出版社

图书在版编目（CIP）数据

　　古迹：还原古迹的真相 / 方士娟编著. -- 汕头：
汕头大学出版社，2015.3（2020.1重印）
　　（学科学魅力大探索 / 周丽霞主编）
　　ISBN 978-7-5658-1709-0

　　Ⅰ．①古… Ⅱ．①方… Ⅲ．①名胜古迹－世界－青少
年读物 Ⅳ．①K917-49

　　中国版本图书馆CIP数据核字(2015)第028174号

古迹：还原古迹的真相　　　　GUJI: HUANYUAN GUJI DE ZHENXIANG

编　　著：方士娟
丛书主编：周丽霞
责任编辑：胡开祥
封面设计：大华文苑
责任技编：黄东生
出版发行：汕头大学出版社
　　　　　广东省汕头市大学路243号汕头大学校园内　邮政编码：515063
电　　话：0754-82904613
印　　刷：三河市燕春印务有限公司
开　　本：700mm×1000mm 1/16
印　　张：7
字　　数：50千字
版　　次：2015年3月第1版
印　　次：2020年1月第2次印刷
定　　价：29.80元
ISBN 978-7-5658-1709-0

前言

　　科学是人类进步的第一推动力，而科学知识的学习则是实现这一推动的必由之路。在新的时代，社会的进步、科技的发展、人们生活水平的不断提高，为我们青少年的科学素质培养提供了新的契机。抓住这个契机，大力推广科学知识，传播科学精神，提高青少年的科学水平，是我们全社会的重要课题。

　　科学教育与学习，能够让广大青少年树立这样一个牢固的信念：科学总是在寻求、发现和了解世界的新现象，研究和掌握新规律，它是创造性的，它又是在不懈地追求真理，需要我们不断地努力探索。在未知的及已知的领域重新发现，才能创造崭新的天地，才能不断推进人类文明向前发展，才能从必然王国走向自由王国。

　　但是，我们生存世界的奥秘，几乎是无穷无尽，从太空到地球，从宇宙到海洋，真是无奇不有，怪事迭起，奥妙无穷，神秘莫测，许许多多的难解之谜简直不可思议，使我们对自己的生命现象和生存环境捉摸不透。破解这些谜团，有助于我们人类社会向更高层次不断迈进。

其实，宇宙世界的丰富多彩与无限魅力就在于那许许多多的难解之谜，使我们不得不密切关注和发出疑问。我们总是不断去认识它、探索它。虽然今天科学技术的发展日新月异，达到了很高程度，但对于那些奥秘还是难以圆满解答。尽管经过许许多多科学先驱不断奋斗，一个个奥秘不断解开，并推进了科学技术大发展，但随之又发现了许多新的奥秘，又不得不向新的问题发起挑战。

宇宙世界是无限的，科学探索也是无限的，我们只有不断拓展更加广阔的生存空间，破解更多奥秘现象，才能使之造福于我们人类，人类社会才能不断获得发展。

为了普及科学知识，激励广大青少年认识和探索宇宙世界的无穷奥妙，根据最新研究成果，特别编辑了这套《学科学魅力大探索》，主要包括真相研究、破译密码、科学成果、科技历史、地理发现等内容，具有很强系统性、科学性、可读性和新奇性。

本套作品知识全面、内容精炼、图文并茂，形象生动，能够培养我们的科学兴趣和爱好，达到普及科学知识的目的，具有很强的可读性、启发性和知识性，是我们广大青少年读者了解科技、增长知识、开阔视野、提高素质、激发探索和启迪智慧的良好科普读物。

目 录

土耳其地下之城

卡帕多基亚引起的轰动

土耳其的卡帕多基亚位于土耳其的格尔里默谷地，那里有许多奇形怪状的石堡，看起来和月球表面很相似。这里的火山沉积物上矗立的石堡，是火山熔岩硬化后，经风蚀雨浸而最终形成的。

早在8世纪至9世纪，这里的居民就开始凿空石堡，将其改装成居室。人们甚至在凝灰岩体上凿出富丽堂皇的教堂，在其中供

奉色彩绚丽的圣像。

　　然而，卡帕多基亚真正引起轰动的发现埋藏在地下，那就是巨大的可居住成千上万人的地下城市。

　　1963年，卡帕多奇亚高原上的代林库尤村爆出一条大新闻：一个农民掘地时，在他家院子下面偶然碰到一个洞口。刚开始，这个农民望着这个深不可测的像井一样的入口，说什么也不敢下去。后来，在村民的帮助下，他沿着梯子进了这个洞口，竟发现了一处巨大的地下城。

卡帕多基亚的地下之城

　　卡帕多基亚的地下城市，最著名的一座坐落在今天代林库尤村附近，通往地下城市的通道隐藏在村子各处的房屋下面。人们在这里经常碰到一些通风洞口，这些通风洞从地下深处一直延伸至地面。

地下城市是一种立体建筑，分成许多层。代林库尤村的地下城市仅最上层的面积就有4平方千米，布满了地道和房间，上面的5层空间加起来可容纳10000人。里面有厨房、酒窖、仓库、卧室、教室等。

今天人们猜测，当时整个地区曾有30万人逃到地下躲藏起来，仅代林库尤的地下城市就有52口通风井和15000条小型地道。最深的通风井深达85米，地下城市的最下层建有蓄水池，用以储藏水。到今天为止，人们在这一地区发现的地下城市不少于36座。

地下城的建造时间之谜

没人知道卡帕多奇亚地区的地下城是何时开始修建的，究竟

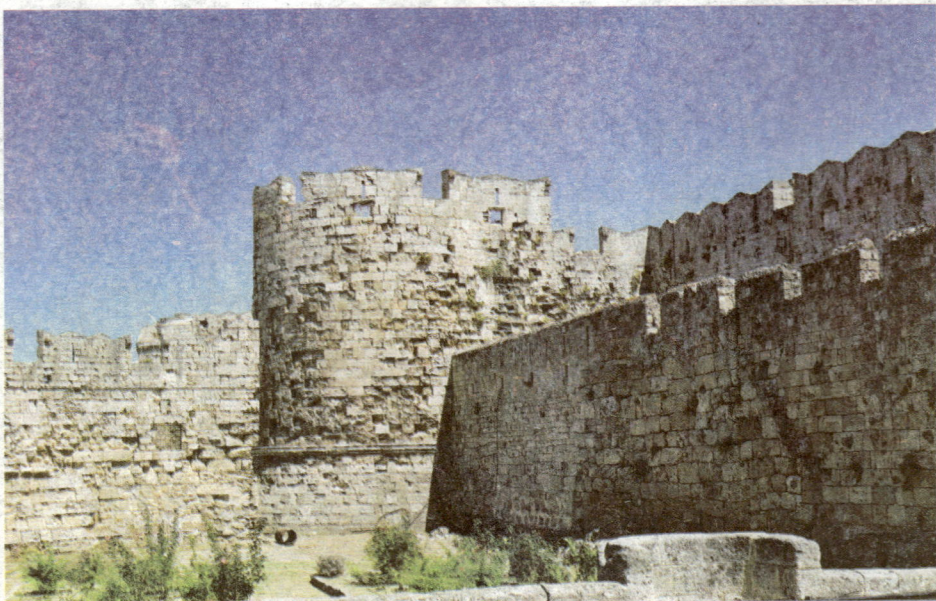

是为什么而建的，说法颇多，莫衷一是。

考古学家在地下城最下面的一层中，发现了闪米特时代的器物。闪米特族是一支古老的神权民族，大约在公元前1800年至公元前1000 年在这里生活过，其都城哈图沙离代林库尤大约有300多千米。

人们据此判断，这些地下城早在赫梯人以前的时代就已经存在了。有人甚至认为它的建造可以追溯至新石器时代，因为人们早已在卡帕多奇亚西南发现了新石器时代用来制造石斧、石刀的黑曜石石场，而在卡帕多奇亚不远处就有9000年前的人类古城遗址。

地下城建造目的之谜

人们修建这些地下城市到底有哪些用途呢？如果假设地面上的敌人拥有军队，在地面上他们肯定能看到耕种过的土地和没有人烟的房屋。而且地下城市里建有厨房，炊烟将通过通气井冒出地面，很容易被敌人发觉。

人们都知道要把待在鼠洞般的地下城市里的人们饿死或者封闭通气通道憋死是一件轻而易举的事，所以有专家推断，人们恐惧的不是地面上的敌人，而是能飞行的敌人。

圣书《科布拉·纳克斯特》中这样记载："所罗门大帝曾经利用一个飞行器把这一地区搞得鸡犬不宁。不仅他本人，他的儿子及所有服从他的人，也都曾乘坐过飞行器。"

阿拉伯历史学家阿里·玛斯乌迪曾描述过所罗门的飞行器，并大致介绍了这个部族。

当时的人类对于飞行器现象产生恐惧，这是很有可能的。也许他们曾被剥削、奴役过，所以每当报警的呼喊响起来的时候，

人们就纷纷逃进地下城市。当然，这种说法也仅仅是一种推测。

有人猜测地下城是基督教早期，新生的宗教信徒为了避难而修建的。据考证，当时确有基督教徒到此避过难，但建造者并非他们。

延 伸 阅 读

在代林库尤村发现第一个地下城的两年之后，同样规模的另一个地下迷宫在凯梅克里附近被发掘。更令人惊异的是，在以后的10年中，有关人员在这里发现的地下城已达36座，而且，目前发现的所有地下城相互之间都能通过地道连接在一起。

佩特拉古城的石头建筑

佩特拉古城的历史

佩特拉在约旦南部，距首都安曼270多千米，坐落在胡尔山脚下，处于穆萨谷地之中。佩特拉是座历史古城遗址，在人们的心目中，它是带有神话色彩的名胜古迹。

2000多年前，那巴泰人曾在这一带栖息生活，并先后建都于此。由于这里是埃及、叙利亚等国之间的交通要道，很快便成为

商贾云集、繁荣昌盛的商业都市。

在漫长的历史岁月中，佩特拉的土著居民在岩石中雕琢的众多建筑物，逐渐使其成为一座"石头城"，也成为人类文化宝库中一颗闪闪发光的明珠。多少世纪以来，这颗明珠一直没有被人发现。

那时候，约旦地区流传着一个带有神话色彩的民间故事，故事的大意是说：在约旦南部广袤的沙漠中有一条神秘的峡谷，这条峡谷既深又长，但不知在何方。一批神人在那里修建了许多宏伟的建筑物，并在里面藏了无数珍宝，谁能找到它，便可成为大富翁。人们一次又一次地前去探索，但都无功而返。这个神话故事一代一代地流传下来，但始终没有人想到，这些建筑物就存在于穆萨山谷之中。

　　直至1812年，英国游客约翰·白克汀特游览佩特拉时，才第一次揭开这个神话故事的奥秘，闪烁着奇光异彩的"石头城"终于与世人见面。佩特拉山谷的岩石呈朱红色或褐色，在朝阳或晚霞的映照下城中的建筑会变成玫瑰色，所以佩特拉也被称作"红玫瑰古城"。

　　相传，这里是摩西"点石出水"的地方。当年，摩西率领以色列人走出埃及，流落荒野，正当饥渴困乏的时候，摩西得到上帝的帮助，他挥杖击石，激出泉水。据说，这股泉水至今仍流淌不息。

　　佩特拉古城建在海拔950米的山谷中。进入佩特拉古城，要通过15千米长的峡谷，峡谷最宽处不过7米，最窄处仅能通过一辆马车。两边的石壁高70至100米，行人抬头仅能望到一线青天。

走出峡谷，是宽广的谷地，豁然开朗。高大雄伟的殿堂排布在周围山崖的岩壁上，门檐相间，殿宇重叠，十分壮观。

佩特拉城的宫殿建筑

佩特拉城的建筑物全都是依傍山势雕琢而成的，这一奇景是大自然的"雕刻师"和能工巧匠共同创造的。

峡谷出口不远处是一座依山凿出的巨大殿堂，高40米，宽30米，这就是卡兹尼石宫，又名"金库"。传说这里是历代佩特拉国王收藏财富的地方，但也有传言说这里是国王陵墓的灵殿。

整个殿门分两层，下层是两根罗马式的石柱，高10余米，门檐和横梁都雕有精细的图案。殿门的上层雕出了三个石龛，龛中分别雕有天使、圣母和带有翅膀的战士石像。宫殿中有正殿和侧殿，石壁上还留有原始壁画。

城中有一座依山雕琢出的古罗马剧场，可容纳6000人，还保存了露天剧场。剧场看台呈扇形，有数十层石筑阶梯，每10层阶梯中间筑有一个通道，整个剧场沿山而上。舞台上还残存有4根巨大的石柱。

城中还有一座拜占庭风格的建筑，名叫"本特宫"。传说当年城市缺水，国王下令，如果有人能引水入城，就将公主许配给他为妻。一位建筑师开山修渠，将水引进城里。国王履行诺言，将女儿下嫁给他，并赐此宫给他们居住，所以本特宫又叫"女儿宫"。

在古城南面的牛山腰，有一座欧翁石宫。这座石宫的建筑顺序是先削平半山腰，再开凿石窟，最后才修建宫殿。几百平方米的大厅殿居然没有一根柱子，真是巧夺天工。欧翁宫的两侧是石窟群，向东西延伸。

石窟群内有住宅、寺院、浴室和墓窟。在一片人造的高地上有两座方尖碑，高地被猜想成用于举行祭祀仪式的地方。

高祭台是放祭品的地方，供奉着那巴泰人的两个神：杜莎里斯和阿尔乌扎。这里的祭台有排水道，可能是用来排放人血的。有迹象表明，巴泰人曾用人来进行祭祀。

佩特拉城的石墓

佩特拉的那巴泰人传统上将他们死去的亲人葬于环绕城市的砂石峭壁之中，这里有着成千上万的坟墓。它们当中有些是简陋的石墓，有些则十分奢华。佩特拉的王陵并没有具体的名字，而是靠传统来决定。在修建皇陵的过程中，那巴泰人利用祖传石工技巧，加强和改造了如亚历山大之类的大都市中最新颖、最雄伟的建筑构思。

石墓后的房间比较小，有的只有一间外室，里面偶有刻出的石凳。佩特拉王陵外面虽然没有人去维护，又经历了许多世纪以来地震、侵蚀和偶尔溜进来的盗墓贼的侵扰，但是它几乎完好无

损。外墙上精美的石刻可能是当地石匠的杰作。当年这些墓被涂抹了用石灰石与沙制成的石膏，如今风沙剥去了石膏，裸露的岩石在阳光的照射下色彩变幻无穷，使陵墓充满生机，这是当时的建筑者没有料到的。

在佩特拉最后修建的大坟墓中，有一座是为罗马总督所建，称作"乌恩墓"，但是在公元446年，这座坟墓被改成了一座教堂。随着沙漠中的香料商路被慢慢荒废，取而代之的是红海的海上路线，沙漠中的城市生活随之土崩瓦解。最后，坟墓变得衰败不堪，雕像也剥落脱皮，曾经安葬过达官贵人的石室渐渐沦落为牧羊人遮风挡雨的场所。

佩特拉城的衰落

考古学家推断，在全盛时期，佩特拉城居民多达30000人，城

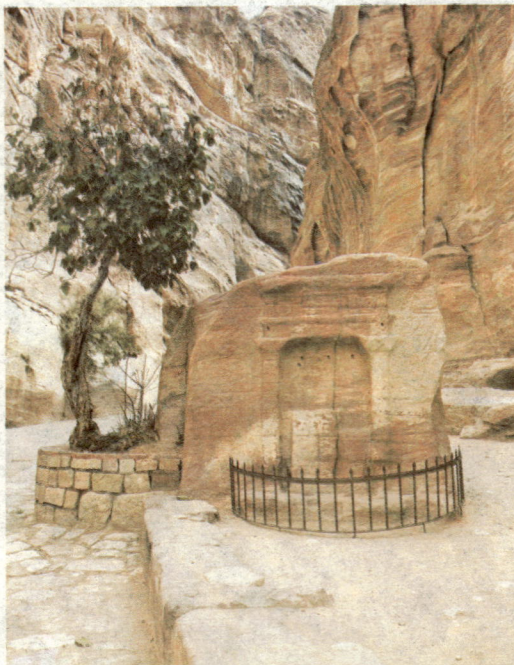

市规模比早期欧洲人估计的大得多。但佩特拉为什么被遗弃一直是人们百思不得其解的问题。就算它一度失去了商道的控制权，但仍然可以保持原状，那为什么它迅速衰亡了呢？

史学家分析认为，导致佩特拉城衰亡的原因可能是天灾。公元363年，一场地震重击了佩特拉城。震后，许多建筑沦为废墟，房屋的主人们无能力或者无心思将它们修复，渐渐地古城走向了衰亡。

延 伸 阅 读

约旦是一块人类文明的沃土。佩特拉古城的历史可以追溯至史前时代，它是约旦南部沙漠中的神秘古城之一，也是最负盛名的古迹区之一，2007年7月8日被评选为"世界新七大奇迹"之一。

为何建造峭壁建筑

在峭壁上生活的居民

美国科罗拉多州的峡谷之中，有一片神奇的建筑群落，这就是印第安人阿纳萨扎伊部落的峭壁建筑群落。这些建筑都修在峭壁之上，是北美著名的文化遗址。峭壁房屋是用石头在悬崖凹进的地方垒砌起来的，共有200多座。其中峭壁宫殿最为壮观。

阿纳萨托伊部落在13世纪离开了这片土地不知去向。据考

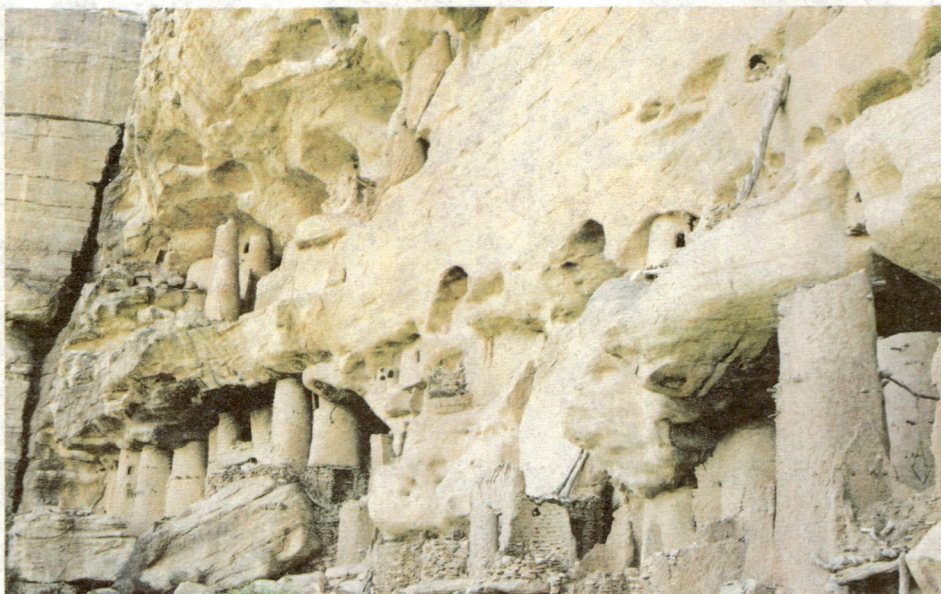

证，这个神秘的印第安部落从2000多年前就开始在这里修建他们的居住地，至公元1050年，他们就已经在这里建成了12座城镇。从那时起，这里就已成为了这个部落的宗教、政治、商业中心，是一个具有5000多居民的核心区域。

公元1000年至公元1300年，为了抵御其他部落的侵袭，他们迁到峡谷两侧的悬崖峭壁之间，开山凿石，堆砌墙壁，修建峭壁石屋，因此在历史上有"峭壁居民"之称。

峭壁建筑是什么样子的

尽管这个北美印第安人的古代聚居地已经废弃了700多年，但是，建筑物并没有遭受太大的损害。

今天人们看到的峭壁建筑共有500多幢。其中，被称为"峭壁王宫"的最大建筑物建成于11世纪左右。它有200个房间，是用了几十万块扁石头和20000多根松木十分考究地修建起来的。

在峭壁王宫的周围，盖有许多地下室，这些地下室都是圆形的屋子。考古学家们认为地下室是供部族内部进行社交活动和敬神用的，居民的炊事和其他家务活动则都是在露天庭院中进行的。

在峭壁建筑群中名列第二的峭壁建筑建于12世纪，它有100多个房间，而且也是建在悬崖峭壁之上的。在这些建筑中，还有专门用于敬神的太阳庙以及阳台屋、雪松塔、落日屋、方塔屋、回音室等。

为什么把房屋建在峭壁上

许多考古发现表明，阿纳萨扎伊人有着极其丰富的创造力，他们虽然没有文字和计算方法，但同样可以成为出色的天文学家。

在峭壁上留下的抽象壁画和人们在山谷中发现的用绿松石、

贝壳制成的精美饰物，这都表明他们的文明程度很高，工艺水平堪称一绝。而且据大量考证表明，阿纳萨扎伊人身体强壮，身高也不低于同时代的欧洲人。

这就使人难以理解，这些具有发达文明和强健身体的人们，为什么要选这样一个频频发生旱情的荒凉峡谷作为本部落的生存之地？为什么要把房屋都修建在峭壁之上，后来又是什么原因使他们放弃了这块世代居住的地方？这一直是个难解的谜。

延　伸　阅　读

峭壁建筑群位于美国科罗拉多州西南部蒙特苏马山谷和曼科斯山谷之间。峭壁建筑群是美洲大陆高度发展的印第安人文明的象征，对于了解哥伦布发现美洲大陆前的北美印第安人生活极有价值。

谁烧掉了芝加哥城

芝加哥城的惊人大火

1871年10月13日傍晚，美国芝加哥市城东北部的一座房屋着火，这是发出的第一个警报。夜晚接着又传出新的消息，离此屋2000米之外的圣徒巴维尔教堂也着火了。

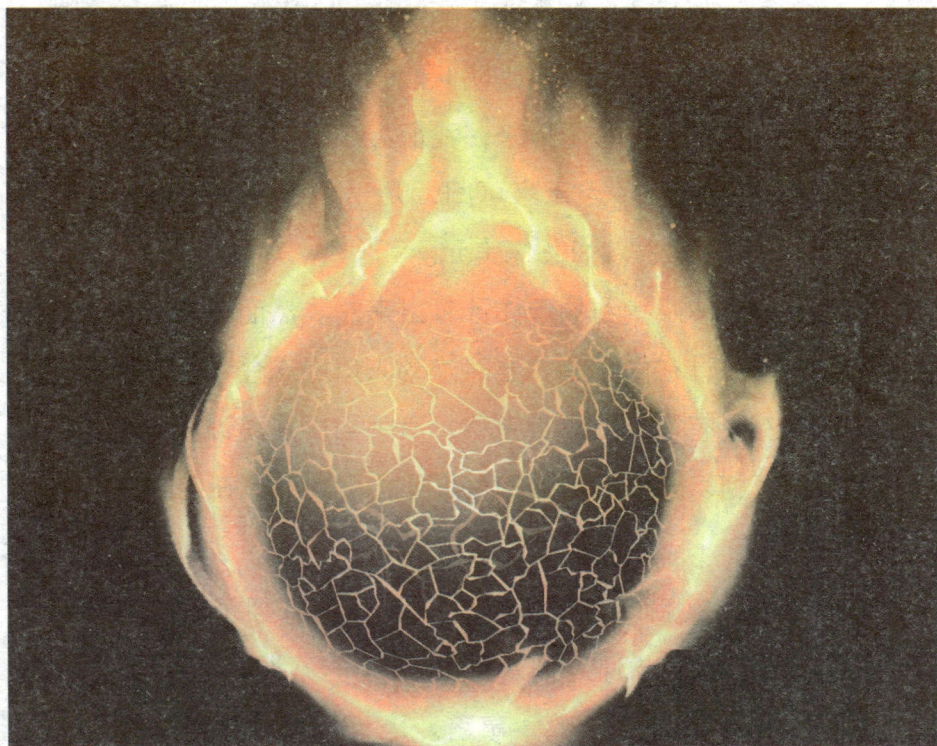

之后，接连不断的报警以惊人的速度在增多，消防队员们手忙脚乱不知所措。事后芝加哥市消防队队长门齐尔说："这些失火的消息像雨点般地一个接一个传来，我们实在不知该从哪着手。"

这次大火使12万多人无家可归，几千人被活活烧死，烧伤者不计其数，火灾损失高达1.5亿美元。

死亡人数是按照找到的尸体计算出来的。然而有人则认为，许多死者没有被统计在内，诸如当时流动人口尚未登记，还有许多人烧得连尸骨都没有了。更有甚者称，有关当局在统计人数时，并没有将来自意大利、印度和中国的劳工死亡人数计算在内。

芝加哥火灾的肇事者

芝加哥火灾之后，有人怀疑是一头母牛碰翻了一盏煤油灯引起牛栏首先起火，当时人们对此结论深信不疑。但门齐尔又宣称："这头母牛不是真正的肇事者，因为火如果是从一个地方燃起的，不可能这么快就漫布全城，并且当时又是在一个无风晴朗的日子里。"

火灾后有关部门查明，发生火灾的地方不只是一个芝加哥城，还有芝加哥附近的一些城镇。同时，在威斯康星州、内布拉斯加州、密歇根州、堪萨斯州、印第安纳州等地的森林和大草原也发生了火灾。

火灾是陨石造成的吗

芝加哥火灾发生很久以后，一位美国科研人员为考证火灾与气象的相互关系，重新提出了对火因的看法。

他认为，芝加哥火灾最有可能是由于一场炽热的陨石雨引起的。当时城市上空并没有风，但只有两小时全城就变成了一片火海，这说明这场火灾不是一般的火灾。至于城郊几千人的死亡，则是因彗星大气层中所含的毒气体，即一氧化碳和氰污染了城郊空气而使他们中毒死亡。

然而，还有一些学者认为，是由于地球与高速运行的彗星尾

巴相碰，使地球大气层一下子变得炽热而造成的。

前苏联的一些科学工作者则另有看法，他们认为彗星上只有各种冰和微小坚硬细尘的松软聚积，并没有什么能引起火灾的东西。地球也曾经多次穿越彗星尾巴，但每次都没有发生意外，也没有使大气层空气受到有毒气体的污染。

至于陨石，虽说它飞进大气时也会燃烧和熔化，但只是陨石表面薄薄的一层，陨石内部始终是很冷的，他们认为芝加哥火灾的起因应该还是在地上。所以，有人认为是由短暂的龙卷风造成的。国际论坛上对此各持己见，至今尚无定论。

延 伸 阅 读

为了能够阻止芝加哥大火的蔓延，消防队员炸掉了两幢大建筑，但没有奏效。最后，芝加哥大火被一场大雨浇灭，芝加哥市2124公顷的市中心仅30小时就变成了一片焦土。

复活节岛巨雕

复活节岛的发现

1722年，荷兰探险家雅可布·洛吉文在南太平洋上探险，突然发现一片陆地。他以为自己发现了新大陆，赶紧登陆，结果上岸后才知道是个海岛，正巧这天是复活节，于是就将其命名为"复活节岛"。

复活节岛是智利的一个小岛，呈三角形状，面积约为117平

方千米。岛上死火山颇多，有三座较高的火山雄踞岛上三个角的顶端，海岸悬崖陡峭，攀登极难。

复活节岛上的奇特雕像

复活节岛上矗立600多尊巨人石像，高7米至10米，重约30吨至90吨，有的石像帽子就重达10吨之多。它们均由整块的暗红色火山岩雕琢而成，所有的石像都没有腿，全部是半身像。

石像的眼睛是用发亮的黑曜石或闪光的贝壳镶嵌的，格外传神。额头狭长，鼻梁高挺，眼窝深凹，嘴巴噘翘，大耳垂肩，胳膊贴腹。所有石像都面向大海，表情冷漠，神态威严，远远望去，就像一队准备出征的武士，蔚为壮观。

古人是如何搬动巨像的

海洋中的火山岛都是由玄武岩构成的，而用来雕刻石像的材料不是玄武岩，而是凝灰岩，有的甚至是浮石。古代雕刻家非常了解浮石的特性，他们制作好帽子后，不是

搬着它到处跑，而是把它滚向目的地，再放到石像的头上去。

人们只发现了30多座戴帽子的雕像，而且这些戴帽子的雕像又都站立在有浮石层的地方。毋庸置疑，帽子就是在石像附近造好的，然后再顺着用石块叠成的脚手架滚到雕像的头上，而不是抬上去的。

为何会有没有完工的雕像

火山口里还有大约400多尊没有完工的雕像，有的只有不多的斧凿痕迹，有的则几乎完成并可以搬走。从火山口下来的路上，分散着几十尊已完工的雕像，这些尚未完工的石像，又是遇到什么问题而突然停了下来呢？

有关学者考证，人类登上复活节岛始于1世纪，石像底座祭坛建于7世纪，石像雕琢于1个世纪后，12世纪时，这一雕琢活动进入鼎盛时期，约1650年前后雕琢工程停了下来。

从现场看，当时停工的直接原因可能是突遇天灾，比如火山喷发，或是地震、海啸之类的自然灾害。至于石像代表了什么，多数学者认为，可能是代表已故的大酋长或宗教领袖。

延　伸　阅　读

复活节岛，1888年归属智利，当地波利尼西亚语称"拉帕·努伊"，意为"地球的肚脐"，表示自己是地球的中心。全岛共发现1000多尊巨大的半身人面石像。

死亡谷的死亡密码

前苏联死亡谷

该谷位于基赫皮内奇火山脚下，谷中地形极其复杂，沟壑纵横交错，到处是深坑。在谷里，经常可以看到横七竖八躺在地上的野生动物尸体。经检测，它们都是中毒而死。

科学家们认为，动物的死亡与火山活动有密切关系，很可能是在火山爆发时产生的一种有毒气体使它们死亡的。

有人分析，这种有害气体有可能是硫化氢或是二氧化碳，因为这两种气体是火山喷气中最常见的气体，并且浓度很高，很容易造成人和动物死亡。

持不同观点的人则认为，这两种气体虽然有害，但不是剧毒，它们的作用缓慢，因而动物在死前应该能逃出危险区。死亡谷中动物的死因还是个尚未解开的谜。

美国死亡谷

在美国加利福尼亚州与内华达州相连接地带的山中，也发现了一条很长很大的死亡谷，峡谷两侧悬崖峭壁，地势险峻。

1949年，美国有一支寻找金矿的地质勘探队，因迷失方向而走到这里，全部死亡。后来，有些前去探险的人员也都死在此谷中，至今未能查出死亡的原因。奇怪的是飞禽走兽却能在这里大量繁衍。这里有鸟类200多种，蛇类19种，蜥蜴17种，并有1500多头野驴。至今，谁也弄不清这到底是怎么回事。

意大利死亡谷

意大利的那不勒斯和瓦维诺湖附近也有两处死亡谷，而这两个死亡谷只对飞禽走兽很凶残，对人类却很仁慈。

据科学家统计，每年在这两个谷中死于非命的各种动物多达30000多只，所以，这里被当地人称为"动物的墓场"。

然而普通人走进山谷里，却安然无事。这是怎么回事？意大利科学家对此也做了认真考察，只是找不出问题的关键。

印度死亡谷

印度爪哇岛上有个更为奇异的死亡谷。在谷中分布有6个庞大的洞，每个洞对人体和动物的生命都有很大的威胁。

只要人或动物靠近洞口六七米远，就会被一种神奇的引力吸

进洞内，一旦被吸入洞中，就会丧命于此。

有胆大的科学实验者冒着生命危险克服了引力进入洞中，他们看到了大量人类和动物的尸骨，却未能找出该洞的秘密所在，科学家们至今还没找到这些人体和动物的真正死因。

延 伸 阅 读

美国死亡谷形成约300万年前，由于地球重力将地壳压碎成巨大的岩块而致，当时部分岩块突起成山，部分倾斜成谷。这里也是全球最热的地区之一，1913年气温曾高达134℃。

花山壁画作者是谁

花山壁画的神奇特点

在我国广西定阳县城北约25千米处的东岸悬崖峭壁之上，有一幅原始壁画，这就是著名的"花山崖壁画"。

壁画画面十分壮观，整个画面中共有1300多个人物，画面之中有一尊巨人，头戴虎冠，挎刀骑兽，手握箭镞，气度不凡；还有一些大汉，勇武粗壮，正面马步而立，两手屈肘平举，看上去力气很大。在形形色色的人物中间，还夹有一些动物形象。

花山整座峭崖画满了各种呈土红色的人像和物像，人像中有正面和侧面两种姿势。正面人像呈两手高举，两脚叉开成立马式，侧面人像呈两手平伸，两腿微蹲呈跳跃状，既像练兵习武，又如狂舞欢歌。物像中有似马似狗的，有像藤牌、锣鼓、太阳的。画像中的人物线条粗犷，栩栩如生，人像中有佩刀剑的，有戴桂冠的，可能是这些人中的头人或指挥者，其周围都有一群"小人物"朝着他，组成了一幅幅神情各异的画面。

传说：纸人复活了

关于花山壁画的出现，民间流传最广的是这样一个传说：很久以前，宁明那利有一个叫作勐卡的大力士，因为不满当地百姓被官员欺压想造反，但没有兵马，于是他在纸上画。他画的兵马，经过100天就可以变成真人真马，但前提是不能让任何人知道。

谁知有一天，其母打开藏有纸兵纸马的箱子，只见狂风大作，天昏地暗，纸人、纸马飞出落在山崖上，因不足百日，尚未点化成人而变成现在的壁画。每逢刮大风、打雷、下大雨，壁画的图形都有一些剥落，老人就会这样讲：他们又去别处投生了，去做他们还没有做完的事。

花山壁画的作者之谜

如此巨作却无人知晓它的作者是谁，它出现在什么年代，作画人是怎样在几十米高的悬崖上完成这些艺术创作的。从壁画所在岩崖上的岩石被风化、剥蚀的情况可以看出，这些壁画非常古老。可是，这些壁画的线条却是如此清晰，色彩依旧，又该怎么解释呢？

一些研究者根据画面的古朴、单纯，断定它是少数民族的原始艺术品。有的学者根据广西历史记载中铜鼓和环首刀流行时代的说法，认为壁画形成于西汉。也有的学者根据壁画中唯一出现的文字"魁"是楷书体，考证它是唐代以后的作品。

还有学者依据明江两岸的所有壁画都制作在江河沿流和深潭

水旁的高山上这一特点，再加上壮族的经济生活和习俗，认为壁画是壮族人民祷告水神镇压水鬼的作品。此外，还有人认为这些壁画的作者是唐代开成、咸通年间的原始居民，处于野蛮状态高级阶段的苗瑶民族。后来他们因为战争带来灾难而远迁离开故土，于是壁画失去了主人。虽然种种说法都有所依据，可又都是推断而已，缺乏必要的科学依据。

延 伸 阅 读

　　1998年，以花山崖壁画为中心的花山风景区被定为国家级风景旅游名胜区，成为与桂林漓江、桂平西山齐名的广西三大国家级风景旅游名胜区之一。2004年11月，花山崖壁画以国内罕见的"双遗产"形式，被国家列入申报世界文化遗产预备清单。

阿尔塔米拉洞穴壁画

阿尔塔米拉洞穴发现

阿尔塔米拉洞穴遗址位于西班牙北部桑坦德西面约30千米的地方。1875年，一个名叫索特乌拉的工程师到这里收集化石，发现了许多动物的骨骼和燧石工具，但并没有发现其内的壁画。

时隔4年后，索特乌拉再次来到这里，并把他4岁的小女儿玛丽娅带在身边。据说玛丽娅因对父亲的工作不感兴趣而独自爬进了一个小洞口，因为洞内黑暗，她点亮了一支蜡烛。这时候，她突然看见一头公牛，眼睛直瞪瞪地望着她，顿时把她吓得大哭起来。

索特乌拉爬进去看时，只见洞壁上面的公牛和其他动物栩栩如生，不禁惊讶异常。于是，闻名世界的阿尔塔米拉洞穴壁画就这样被发现了。

令人惊叹的洞穴壁画

阿尔塔米拉洞穴是一个很大的洞穴，其长度大约300多米，索特乌拉所发现的壁画绘制在洞穴的顶部，壁画12多米长，6米多宽，上面绘有各种动物的形象。

整个画面线条活泼、色彩鲜艳，而且布局合理、疏密有致。所画的动物有奔跑的，有长嘶怒吼的，有受了伤半躺着的。这些动物形象逼真，呼之欲出。

发现这幅大壁画以后，索特乌拉随即从马德大学请了一名地质学教授来帮助考证。这位地质学家断定此为原始人类的壁画，于是，索特乌拉历尽艰辛，把这幅大壁画全部复制下来，并交给里斯本的一个国际性学术组织。

谁创作了洞穴壁画

但是，当时西班牙学术界对此发现持怀疑态度，他们认为原始人不可能具有如此惊人的艺术成就。有人说是索特乌拉为了沽名钓誉，或者为金钱所迷而雇佣当时的画家伪作的。

后来，索特乌拉和那位地质学教授相继去世，但他们所发现的这幅大壁画仍然未被世人承认。1902年，经考古新方法审定，这幅壁画是30000年前的作品。

现代考古成果表明，凡是人类曾居住过的洞穴遗址绝大部分都有原始壁画的痕迹。然而，我们从现在世界各地发现的洞穴遗址看，原始人类的艺术成就是十分低下的，它既幼稚又朴拙，大多是线条呆板，比例不当。即使在几千年前的洞穴壁画中，原始人类的绘画水平同样是十分低劣的。而阿尔塔米拉洞穴壁画造型准确，线条生动流畅，所绘画的各种动物栩栩如生，使人难以相信是30000年前的作品。难怪在考古新方法测定之前，西方学术界认为是近代人伪作。

这些洞穴壁画的年代虽然确定了，但问题并未解决，30000年前居住在阿尔塔拉洞穴的原始居民怎么能够创造出如此惊人的艺术成就？这个谜底尚未揭开。

延 伸 阅 读

1985年，阿尔塔米拉洞窟岩画被列入联合国教科文组织的人类遗产名录。阿尔塔米拉岩洞长270余米，内有大小11个洞窟。约1.8万年至1.5万年前，一支远古人在这里栖身，在洞窟的石壁上留下了大量精美的以动物为主的绘画。为保护洞窟岩画，几年前阿尔塔米拉洞窟就停止了对公众开放。

太阳门之谜的考证

太阳门的外形

在的的喀喀湖东南21千米，海拔4000米高的层峦叠嶂的安第斯高原上，有一座前印加时期的蒂瓦纳科文化遗址。该遗址被一条大道辟为两半，一边是阿加巴那金字塔，另一边是卡拉萨萨亚建筑。该建筑至今仍完好无损，四周围以坚固的石墙，里面有梯级通向地下内院，西北角就坐落着美洲古代最卓越、最著名的古迹之———太阳门。

太阳门其号称"世界考古最伟大发现"，可能原为一个巨大神庙的门，上面刻有浮雕，因门楣上刻有太阳神形象而得名。它

被视作蒂瓦纳科文化最杰出的象征。蒂瓦纳科文化是5世纪至10世纪之际影响秘鲁全境的一支文化。

太阳门用途之谜

太阳门作为蒂瓦纳科文化的代表，由重达百吨以上的整块巨型石雕镌而成，造型庄重，比例匀称。它高3.048米，宽3.9629米，中央凿一门洞。

门楣中央刻有一个人形浅浮雕，双手各持着权杖，在其两旁平列着3排48个较小的图像，其中上下两排是面对神像的带有翅膀的勇士，中间一排是人格化的飞禽。此外，还有众多至今仍难了解其含义的符号。

这块巨石在发现时已残碎，1908年经过整修，恢复旧观。据说每年9月21日，黎明的第一缕曙光总是准确无误地射入门中央。

面对着"太阳门"，惊叹之余，人们必然要产生种种疑问。古代的印加人为何要不惜巨大的劳动力来建造这巨大的石门？或者说，太阳门究竟是有什么作用呢？

从太阳门秋分时节射入第一道太阳光这点来看，有人认为，太阳门上刻的是历法知识。如果是这样，那将是世界上最古老的历法。然而这些图案与符号是如何表达历法的，古印加人又是如何测算出秋分时节太阳与太阳门位置关系的？这些问题至今仍未被破解。

太阳门巨石搬运之谜

美国考古学家温德尔·贝内特用层积发掘法证明蒂瓦纳科文化的最早年代是在公元300年至公元700年，而太阳门和其他一些建筑应是在公元1000年前正式建成的。建造太阳门的安山岩产于的的喀喀湖上一个名叫珂帕卡班纳的半岛，它是怎样被搬运到蒂瓦纳科来的？

玻利维亚的科学家们做过实验，用木筏在水上只能运输较小的石块。如从陆上运输，6名士兵才能拖动一块半吨重的石头。而太阳门的重量在100吨以上，该用多少人来拖动？

如果要把这么庞大沉重的石门立起来，必须要用大型的起重机。而当时的印加人连车辆都没有发明，他们是怎样把这巨大的石门立起来的？太阳门吸引了众多学者的目光。尽管许多人做了

深入研究，但这一切仍无法解释。

甚至有人称蒂瓦纳科是外星人在某一时期建造在地球上的一座城市，太阳门是外空之门。

总之，对太阳门的各种疑团众说纷纭。但我们相信，随着考古资料的不断被发掘和科学技术的进步，太阳门的秘密总有一天会被揭示。

延 伸 阅 读

人们对蒂瓦纳科有各种各样的说法，但最具有吸引力的是把它解释为古代进修的伊甸园，另外还有一个奇特说法是，这地方是12000年前古代宇航员在地球上的栖息地。这个民族不论对南美洲或是对美洲中部，甚至远至复活节岛，都具有极其深远的影响。太阳门被视作蒂瓦纳科文化的最杰出的象征。

世界鬼城新探

中国鬼城丰都

鬼城"丰都"，距重庆市区约170多千米，下游距宜昌约470多千米。"鬼城"丰都天下独有，举世闻名。

丰都"鬼城"，景点独特，内涵丰富，冠绝宇内。按"鬼城"之说，人死后必来丰都报到，而人在生前到"鬼城"走一遍，将有幸饱览奇绝的景观，感触独特的风情，得到一份终生难

忘的享受。

　　"鬼城"，是我国最有特色、最有名气的历史文化小镇，以其作为阴曹地府所在的丰富的鬼文化而闻名古今中外。这里流传着许多鬼神传说，《西游记》《聊斋志异》《说岳全传》《钟馗传》等许多中外文学名著对"鬼城"丰都均有生动描述，颇富传奇色彩。

　　东汉和帝永元二年置县，素以"鬼国京都""阴曹地府"闻名于世，是传说中人类亡灵的归宿之地，被誉为中国"神曲之乡""人类灵魂"之都。

美国鬼城萨凡纳

　　在美国佐治亚州东部，有一座濒临大西洋的历史名城萨凡纳。从外观上看，它是一个拥有浓郁南方风情和众多历史遗迹的古老城市，但真正让萨凡纳名扬全国的却是流传久远的鬼怪和灵异故事。

萨凡纳始建于1733年，在200多年的历史中，它历经了美国独立战争、南北战争、两场瘟疫、多次热带风暴和火灾的袭击，因战争和灾难导致的伤亡无数。因此，萨凡纳也被称作"建立在死者身上的城市"。

历史上，这座沿海小镇是奴隶、海盗、冒险家和灵异现象信奉者的聚居地。独特的人文因素，加上数量众多的墓地，使萨凡纳成为闻名遐迩的鬼魅故事发源地和超自然现象的代名词。美国"玄灵学会"发布公告，将萨凡纳评定为全美国最"闹鬼"的城市。

在萨凡纳老城区，有许多由传说中的鬼屋改建的餐馆、酒吧、命相馆和旅店。业主们都把曾经发生在那里的鬼怪故事作为招揽顾客的法宝。

据非正式记载，萨凡纳的许多民宅和旅店都有"目击鬼魅"和超自然现象的报道。对于传说中的种种灵异事件和鬼怪经历，

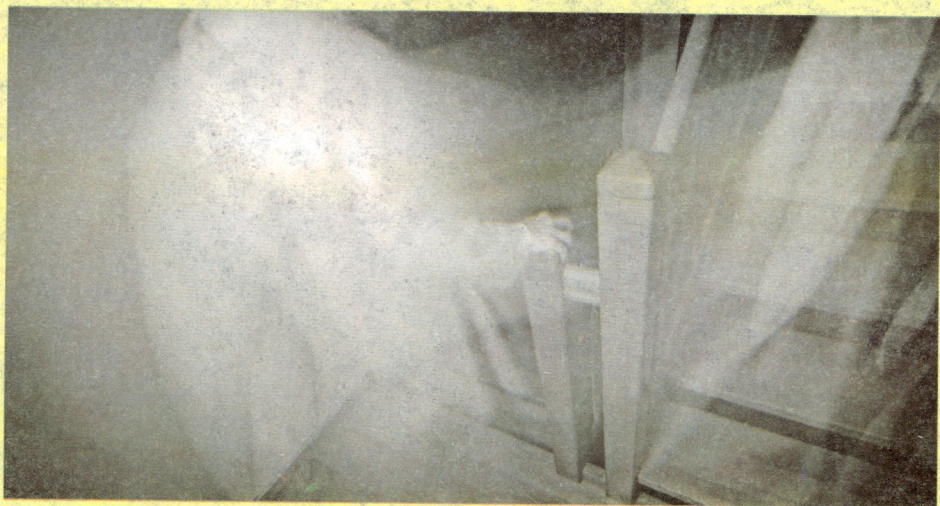

科学家则有自己的一套说法。

英国科学家洛德等人表示，类似萨凡纳这样的滨水城市，风声和潮汐声中往往会有比其他地方更多的次声波。这种常人难以察觉的声波会引起人紧张、害怕和哀伤的情绪，甚至还会让人产生一种毛骨悚然的感觉。他认为这是萨凡纳有如此之多鬼怪传说的原因之一。

神秘恐怖的非洲鬼城

大千世界，无奇不有。在非洲西部有一座被人们称为"鬼城"的地方，以其特有的"鬼气"吸引了大批考古学家。

"鬼城"的发现是偶然的，1975年，刚刚毕业于考古学专业的罗德力克·麦金托斯在非洲西部的马里共和国的金纳城听说，在离金纳城3000米左右的地方，有一座荒无人烟的鬼城。

当地人说，这座鬼城是古代金纳人的居住地，后来不知是什么原因，城里的人都神秘地失踪了。信奉鬼怪的金纳人认为，是

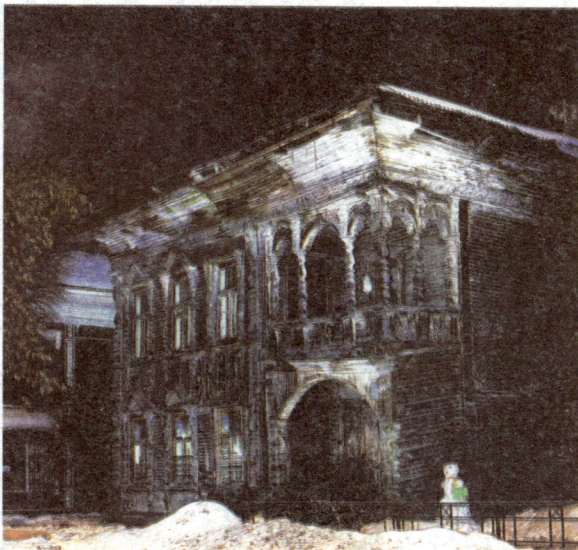

魔鬼带走了他们，所以附近的居民从来不议论这座城池，更不敢轻易地踏进这块土地。

1977年1月30日，在马里共和国的支持下，罗德力克·麦金托斯和一些考古学家来到这里进行考察。

从已发现的房屋、地基、围墙的遗址中可以看出，当年有数千人曾在这里居住。随着挖掘工作的一天天深入，呈现在人们面前的东西越来越多：谷壳、动物的骨头、不完整的陶器、陶俑等。

考古学家通过对这些文物的测定，确认这座古城于公元400年建造，公元1300年左右被城里的人放弃。但是，9世纪北非阿拉伯人进入撒哈拉沙漠并开始进行贸易后，都市化的概念才传至西非。按这一时间推算，所有西非地区的古城不会出现在13世纪以前。

这座古城到底是什么人兴建的？城里的人都是从事什么行业的？他们是依靠什么方法使这里初具规模的？这些都是令考古学家迷惑不解的问题。

为了尽快找到答案，1981年，罗德力克·麦金托斯再一次带领考古学家对古城进行了第二次挖掘。他们发现了一个与现代金纳人家庭结构比较相似的古金纳人家庭的旧址，随后又发现了一些铁制品和石制的手镯，以及金制的耳环、鱼钩、铁叉、铁刀和陶器。

这时，考古学家对古城又做出新的判断，他们认为古城连同周围的小城人口最多时差不多达至20000人，他们中有从事铁器、陶器、金器制造业的，有从事贸易的。

但是，考古学家更想知道的是什么人在这里组织贸易？这个问题至关重要，如果知道是什么人，那么就能推断出是谁先到的北非教古金纳人盖城堡，然后又神秘地令古金纳人消失的。

考古界先后否定了罗马人、埃及人和拜占庭人，这就等于否定了地球上的人类。于是有人提出，也许真有天外来客在这里居住，附近的人叫这里鬼城，可能与这些人的联系方式有关。

人们猜测，这些天外来客教古金纳人建筑城堡，进行贸易，然后悄悄地离去。之后，由于没有他们的指导，古金纳人很快衰落并逐渐解体。这只是个大胆的猜测，事实究竟怎样，还有待于考古学家进一步研究探索。

延 伸 阅 读

澳大利亚鬼城——阿瑟港监狱坐落在澳大利亚塔斯马尼亚洲的塔斯曼半岛上，距离首府城市霍巴特102千米，是澳洲目前保存最完好的监狱古迹，有"澳洲的古拉格"之称。监狱四周高山林立，犹如天然的屏障城堡，对当年的流放犯来讲这里也是最阴森恐怖的地方，被称为"地狱之洞"。

柬埔寨吴哥城探秘

吴哥城的偶然发现

　　法国生物学家亨利·墨奥特为寻找珍奇蝴蝶的标本来到法国领地印度支那半岛的高棉。当他从随从口里得知密林深处有一座大城堡时，心中泛起一种好奇心，决定继续前进，一探究竟。

　　他和四名随从在这蛮荒的丛林里搜寻了五天，什么也没发现，正当他们要返回时，五座石塔忽然呈现在他们眼前，尤以中央那座最高、最宏伟。五座塔尖映在夕阳里，闪闪发光。

　　墨奥特惊叫着奔向前去，尽情观赏着这座埋藏在丛林中的古城，这就是

闻名世界的吴哥城，古名禄兀。

吴哥城为何被莽草吞没

　　墨奥特为了使人们尽快地知道他在森林里的伟大发现，匆匆忙忙地返回了法国。数月之后，墨奥特又一次到柬埔寨森林进行探险。可是在这次探险中他染上了疟疾，离开了人间。后来，有人相信了墨奥特的话，来到柬埔寨的热带森林，证实了墨奥特所言非虚。

　　但是，是谁在什么时间，出于什么目的，建造了这么大的城市和寺院呢？据说，9世纪初，柬埔寨人的祖先高棉族中的一人，从东南亚修行来到这里。后来，12世纪至13世纪，在吴哥窟周围挖掘了12000米长的环城沟，并且建造起有城郭的吴哥城。

　　从吴哥城的规模可以估计出，这座古城最繁荣的时候至少有200万居民。可是，为什么这样一座有着雄伟的王宫和庄严的有着强大的军队和政权的繁荣昌盛的都城，竟然被丛生的莽草所淹没了呢？

有人猜测，可能是因为当时流行瘟疫或霍乱之类的疾病，使200万居民在不到一个月的时间里全部死去。

另外，也有人猜测，可能当时吴哥城发生了内战，市民们互相残杀，结果都死掉了，只留下这孤零零的建筑耸立在这里。可是，如果说200万居民是同时死去的，这里应当留下很多的骷髅和尸骨才对。

吴哥城灭亡猜想

吴哥人到底因为什么不见了？有人这样猜测：说不定是外来的敌人攻占这座城之后，将城里的所有居民赶到某一地方做奴隶去了。

一位研究柬埔寨古代历史的专家有如下一些论断：亡国是由于奴隶们不断起来反抗所造成的。数万、数十万的高棉奴隶，为了满足国王的奢欲，忍饥挨饿，在采石场或在建筑城墙的工地上像牛马似的劳动，每天都有大批的奴隶死亡。

有一天，奴隶中涌现出一个领头造反的领袖，他率领奴隶们起义了。他们杀死了奴隶主，把房子也烧了，将所有的贵族和他们的子女都杀死了，最后只剩下奴隶们了。后来奴隶们抛弃了这座城市，迁移到别的地方去了。

从此以后，这里杂草灌木丛生，再以后就变成茂密的热带森林，成了蝙蝠、眼镜蛇、猴子、豹子等动物出没的地方。据说，吴哥窟在墨奥特发现之前，已经静静地沉睡了500多年。

可是，吴哥窟绝对是美丽的，当初为什么要放弃这个美丽的地方呢？这些居民们究竟去了哪里？这些谜团至今没有人能解开。

延伸阅读

9世纪末，耶输跋摩一世开始全力建设首都耶输陀罗补罗，即现今的吴哥地区。他下令建造东大人工湖，并于巴肯山上建造国寺巴肯寺，象征印度神话世界中心的须弥山，四周建有沟渠，象征须弥山周围的咸海。此外，耶输跋摩一世也建造了许多印度教寺庙与修院。

哥斯达黎加的巨型石球

巨人玩的石球

哥斯达黎加共和国位于中美洲南部卡维斯河畔，是一个美丽富饶的热带国家。境内大部分地区是山地和高原，北部和沿海为低地平原。在古代，曾经有30000多名印第安人栖息在这块土地上。

20世纪30年代末，人们发现在人迹罕至的三角洲丛林以及山谷和山坡上，整整齐齐地排放着几十个一人多高的巨型石球，旁边还有一些皮球大小的小石球。

石球中，最大的直径达25米，重达16吨之多，最小的仅有几千

克重。石球异常光滑，清亮见影，上面雕刻着的一些莫明其妙的图案、直线、斜线、三角形等相互交织。多数石球是被搁置在一起的，它们有的呈一条直线排列，有的排成圆形或者其他形状。

这些巨型石球是何人制造的？怎样制造的？为什么要制作这些石球？把这些石球放在这里排成种种形状又是意味着什么呢？

科学家们对这些石球进行了详细认真地测量，发现这些石球表面上的各点的曲率几乎完全一样，简直是一些非常理想的圆球。这些石球有什么用，没有人能够加以正确的阐释。摆放在墓地东西两侧的石球可能代表太阳和月亮或图腾，但这只是推测，有人戏称之为"巨人玩的石球"。

石球的制作之谜

据考证，这些石球差不多都是用坚固美观的花岗岩制作而成的。令科学家和考古工作者迷惑不解的是，这些石球所在地的附近并没有可以提供制作它们的花岗岩石料，在其他地方也找不到任何原始制作者留下的踪迹。

而对这样奇特的现象，使人们不得不提出一连串颇费心机的难题：是什么人在什么时候制作了这些了不起的巨大石球？所必需的巨大石料如何运到这里？究竟用什么工具加以制作？

从大石球精确的曲率可以知道，制作这些石球的人员必须具备相当丰富的几何学知识，具有高超的雕琢加工技术，还要有坚硬无比的加工工具及精密的测量装置。否则，他们无法完成这些杰作。

即使在远古时期，生活在这里的印第安人大多数都是雕琢石头的巧匠，难道这些大至几十吨的石球就是他们的祖先在缺乏任何测量仪器的情况下，运用原始简陋的操作工具一刀一刀地雕琢而成的吗？这实在是令人难以置信的事。

石球与天外来客有关吗

在哥斯达黎加的印第安人中间，长期流传着古老的神奇传说，其中就有宇宙人曾经乘坐球形太空船降临这里的故事。因此，不少人在对上述奇迹百思不得其解的情况下，便猜测这些大

石球与天外来客有着直接联系。

依照他们的看法，这些天外来客降临这里后，在较短的时间内制作了这些大石球。并将它们按照一定的位置和距离进行了排列，布置成模拟某种空间天象的"星球模型"。这些大石球象征着天空中不同的星球，它们彼此之间相隔的距离，表示星球间的相对位置。

据说，天外来客试图利用这些石球组成的星球模型向地球上的人类传递某种信息。但是，今天有谁能理解这个星球模型的真正含义呢？又有谁能知晓在这些大石球中，哪一个代表这些天外来客生活的故乡呢？

延 伸 阅 读

哥斯达黎加的森林沼泽并不是世界上唯一发现石球的地方。比如，德国的瓦尔夫格堡、埃及的卡尔加、美国的加利福尼亚州和新墨西哥州，以及新西兰的墨埃拉·鲍尔达海滩，都曾发现过神秘的石球。在我国山西雁北地区和新疆的第三纪砂岩中，也曾发现过砂岩类石球。

印第安人的大房子

大房子为何建在峡谷中

在北美印第安人的居住地有一个神秘的部族——阿那萨基部族，他们把自己住的地方叫"大房子"，他们遗留的文化和石建筑是如此先进，但不知是什么原因，这个神秘的部族却在13世纪从地球上消灭了。

阿那萨基文化的遗迹，在美国很多地方均有发现，但最重要的地方恐怕是新墨西哥州西北方一个叫查科峡谷中。

居住在这个峡谷里的人们，突然在公元1050年左右迸发出前

所未有的创造力，创造了特殊的大房子。经过几十年的发展，造就了12座玲珑剔透的小镇，逐渐成为阿那萨基的宗教、政治和商业中心。

如果将外围的零散聚居地也算在内，整个峡谷的人口估计在5000人以上。对于那个时代的一个部族来说，这样的人口数字是极其庞大的。而他们居住的被称作大房子的多层式建筑，只有数百年后大都市里出现的高楼大厦才能与之相比。在当时土地广阔，可任意取舍的情况下，为何一定要把居住点集中在一块弹丸之地呢？这是一个难解之谜。

大房子有何特殊用途

有人认为，大房子是举行祭祀的地方，也有人认为它是那些在家庭中，男人们聚会消遣的场所。每一间都有一个用木料拼成的蜂窝形顶盖，顶盖的最上端塞满土块和碎石，唯一的入口是室顶上的豁口。

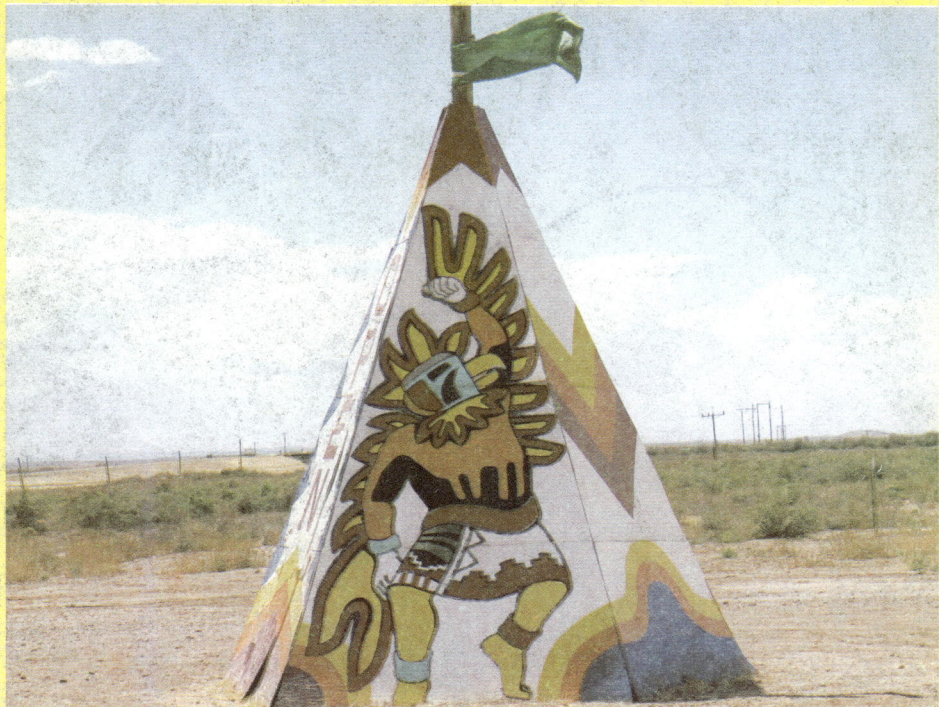

　　房间内的地上有一个神洞，专供"冥界的精灵"出入。新鲜空气沿着一条石管导入室内。最大的一间屋子直径达20米，深度达4米。室内的音响效果极佳，从一端耳语，声音可传到另一端，打一个喷嚏会引起雷鸣般的轰响。

查科文化消失之谜

　　查科的阿那萨基人以自己的居住点为中心，向四周开拓条条放射状的大路，以保持其贸易中心的地位。阿那萨基人为何要选定这样一个荒凉、贫瘠而又频有旱情的峡谷作为生存之地呢？这又是一个谜。

　　阿那萨基人将大房子外层房屋中所有朝向外界的窗子和门统统用墙堵起来，把集体住所的主要入口也用石块堵上，只留下一

个梯子口便于他们出入。

这种做法似乎是为了防范入侵者，但在废墟中根本没发现残缺不全的尸骨或任何战争的遗迹。与此相应的是峡谷里的居民竟然放弃了他们美丽的大房子，迁往了他乡，正值鼎盛的查科文化衰败了。这一切都是什么原因造成的呢？

延 伸 阅 读

查科峡谷大房子遗址作为一个中心定居点，查科连接了大约75个外围村落。后人推测，这些以土地为生的人可能建造这个政治经济中心的目的，是管理和分配由于潮湿或干燥的生长季节决定的多种多样的食物供应。

标记是外星人留的吗

石头标记是航标吗

在秘鲁利马南部的毕斯柯湾，有一个人工建造的红色岩壁，岩壁上雕刻着一个巨大的三叉戟（或称三足烛台）形状的图案。三叉戟的每一股约有4米多宽，而且是用含有像花岗岩一样硬的雪白磷光性石块雕成的，是什么热情驱使古代人建造这么巨大的石

头标记呢？

一些考古学家认为，毕斯柯湾岩壁上的三叉戟是指示船只航行的航标。但大多数考古学家不同意这种说法，他们指出，绘制在这个海湾中的这幅三叉戟图案，不能使所有角度上航行的船只都能看到它；况且，在遥远的古代，是否有远洋航行都值得怀疑。

如果有些航行必须要用航标来指示的话，古印加人为什么不利用两座岛屿？这两座岛屿就在三叉戟的中股延伸线的同一海面上，不管船只从哪一个方向驶向海湾，从很远的地方就可看到这些岛屿。但如果用三叉戟当航标，从南方或北方来的海员却不能看到它。

另外，有一点也值得注意，在三叉戟坐落的地方，除了一片沙滩之外，没有任何东西可以吸引海员。而且，就是在史前时代，那里的水中也是礁石嶙峋，根本就不适于船只停泊。因此，考古学家们认为，这座在古时候光芒耀眼的三叉戟图案，一定是作为某些会"飞"的人的航空标志而设置的。

神秘图案的发现

20世纪30年代，在距三叉戟图案100千米外的纳斯卡荒原上，考古学家又发现了许多神秘的图案。这些图案遍布从巴尔帕的北边至纳斯卡南边的37千米狭长地带。它们是一些几何图案、动物雕绘，以及排列整齐的石块，很像一座飞机场的平面图。

此外，还能看到一些巨型动物的轮廓。它们都是用明亮的石块镶嵌出来的。其中有极长的鳄鱼、卷尾的猴子……还有一些地球上从未见过的异禽怪兽。

是谁制作了这些图案？为什么把它们绘得如此巨大？这些异禽怪兽是远古地球上的生物，还是来自于地外星球的生物？制作者镶嵌这些图案有什么特殊用途吗？

岩石上的机器人画像

据当地的传说，在过去的某一个时期，一群来历不明的智慧动物，在今天的纳斯卡城近郊的一块无人居住的荒原上登陆，并为他

们的宇宙飞船在那里开辟了一座临时机场，设置了一些着陆标记。这之后，不断有他们的飞船在这里着陆和起飞。这群宇宙来客在完成了他们的使命后，又离开地球回到自己的行星上去了。

考古学家们对这个神话般的传说深信不疑。他们在距离纳斯卡250千米的玻利维亚英伦道镇的岩石上，发现了许多巨大的指向标。在智利的安陶法格斯塔省的山区及沙漠中，也陆续找到了这样的东西。

在人迹罕至的泰拉帕卡尔沙漠的山坡上，有一幅很大的机器人图案。这幅机器人图案约有100米高。它的形状是长方形的，很像棋盘，两腿直条条，纤细的脖子上是一个长方形的头颅，上面有12根一样长的天线般的东西竖立着。在这幅图案上，从机器人的臂部到大腿间，有着像超音速战斗机似的三角鳍连接在机器人身体的两边。

这些石头标记是谁留下的？是外星人的导航标吗？这些图案真的与宇宙来客有关吗？

延 伸 阅 读

对古代印加人来说，飞行的观念显然是至关重要的。曾有一家现代气球制作公司对印加出土的一些织物做了试验，结果表明，这些古代织物的质地比这家公司自己生产的织物更紧密。

神秘的马耳他地窖

神秘的地下迷宫

马耳他岛繁荣兴旺的佩奥拉镇，在一家食物店下面埋藏着一座令人赞叹不已的地下遗迹，这就是被称为"地窖"的地下古代庙宇建筑。

这座遗迹于1902年被一群建筑工人发现的。当时，工人正在开凿岩石建造蓄水库，突然脚下的岩石凿空了，下面有个大洞。起初，工人利用石洞来堆放碎石废泥，还堆积垃圾。但是，有一

个工人认为这个洞穴并非自然形成，而是人工凿成的石室，于是便向当地的考古学家报告此事。

那些考古学家搬走所有垃圾泥石后发现，里面石室众多，好像一座地下迷宫，最深处距离地面10米，石室一间一间地连通，上下有3层。他们无法解答这座地下室是干什么的，只得引用希腊文中"地窖"一词，意思是地下建筑。

地窖建于什么年代

考古学家在地窖范围内越是向下发掘，越是感觉震惊，而且在一个地下室，他们竟然发现了一个埋藏7000具骸骨。这个地窖到底有什么作用，又是什么时代建成的？

在发掘过程中，人们发现了两把石槌及做精工细活时用的燧石工具。据考证，当地与此建筑风格相近的其他庙宇，多建于公元前2400年前后，那时候岛上的居民建造了很多宏伟庙宇。岛上的居民用牛角或鹿角制成凿子和楔子，用石槌敲进岩石以进行开凿。

地窖是宗教的产物吗

在一个被称为"神谕室"的石室里，有一堵墙壁被削去一块，后面是状似壁龛，仅容一人的石窟。一个人坐进去跟平常一样说话，声音可以传遍整个石室，并且完全没有失真。而女人说话时因为声调较高，所以不能产生同样的效果。因此，设计者在这石室靠近顶处沿四周墙壁上凿了一道脊壁，女人的声音就可以沿着这条脊壁向四处传播。

因为发现了这个回声室，考古学家认为这座地窖是在宗教方面有特殊用途的建筑，这石室可能是祭司的传谕所。考古学家在地窖还发现两尊女人的卧像，都是侧身躺卧；另外发现几尊特别肥大（也许以孕妇为蓝本）的侧卧像。这个地窖可能是个崇拜地母的地方。

不管崇拜的是什么神，这个地窖的阴森怪异环境，一定会使前来敬神求谕的人肃然敬畏。

地窖里的遗骸是怎么回事

然而，如果这里是祭祀地母的地方，那么在一个宽度不足20米的小室里堆放的7000多具人的遗骸，又怎样解释呢？这些骸骨

并不是完整的骷髅，因为那么狭小的地方根本容不下7000具尸体。室内骨骸散落，说明那是以一种移葬方法集中到室内的，这种埋藏方式在原始民族中很普遍。

所谓移葬是指在初次土葬后若干年后，地下的尸体腐烂，成了骷髅，人们捡拾遗骨并移到别处重新埋藏。这样说来，地窖不就是善男信女永久安息之地吗？马耳他岛上这些早期居民的宗教包括崇拜死者吗？

没有人知道马耳他岛的居民在什么时候和为什么如此安放骨骸，也没有人知道这座庙宇在什么时期变成墓地的。许多屹立在地上的庙宇是模仿早期石墓建造的，说不定这座地窖是要把建筑方式倒转过来，因此，这是一座仿效地上庙宇模式兴建的坟墓。

这座令人震惊的地窖是谁建造的？他们建造这个地窖的目的是什么？埋藏在地下的7000多具骸骨是什么人的？这些问题大概永远是个难解之谜。

延 伸 阅 读

马耳他位于地中海中部，有"地中海心脏"之称，是闻名世界的旅游胜地，被誉为"欧洲的乡村"。马耳他最令人陶醉的地方，在于它独特的历史。在如此小的地方，却拥有那么多辉煌的考古遗址、文化古迹、传统建筑、手工艺品和各种标示人类文明进步的历史宝藏。

图尔卡纳荒原上的石柱

变成石头的人

在非洲肯尼亚共和国北部，图尔卡纳湖以西有一片广袤的荒原。在荒原上屹立着19根石柱，每根石柱的长短和大小各不相同，插入地下的角度也各不相同。石柱之间的间隔很小，一般距离不超过一米。这些石柱上刻有许多奇形怪状的花纹和左右对称的图案，其中也有毒蛇和鳄鱼等动物的形象，较多的是酷似字母"E"的图案。另外，这19根石柱全向北倾斜。

当地居民是图尔卡纳族人，他们把荒原石柱称为"纳穆拉图恩加"，在图尔卡纳族的语言中，"纳穆拉图恩加"的原意是"变成石头的人"。

关于这个名字的来历有一段古老的传说：相传在遥远的古代，有19个人因触犯天条而受到天神的惩罚。他们变成了19根石柱，永远站立在荒原上，仰望着天空，祈求天神的怜悯和恩赐。直至现在，图尔卡纳族人还在石柱顶上用小石块堆成小金字塔形的锥状物，向天神诚心祭拜。

石柱有什么用途

这19根石柱过去一直没有引起人们的注意，直至1975年才引起考古学家们的极大兴趣和高度重视。从此以后，10多年来许多国家的学者纷纷前往考察。经过长期调查研究，大家一致认定这19根石柱是2000多年前古人特意建造的一座石头天文台。

经放射性碳-14的分析测定，这座石头天文台的年龄为2285

岁。由此可知，这19根石柱大约是公元前300年左右竖立起来的。石柱之间连接成的几何线条可以确定天空中一些星座的位置。西侧的第十五号和第十八号石柱是观察天空中星座的基本石柱，观察者站在它们的背后，就能经过其他石柱的顶端画出一条条线指明星座出现的空间位置和这些星座在天空中移动的踪迹。这种方法能达到非常精确的程度。

在这19根石柱中，最高的是第十一号石柱，最短的是第十九号石柱，几乎没有任何一根线通过这两根石柱的顶端向天空延伸，这两根石柱组成的线条也不指向任何一个星座。究竟第十一号和第十九号石柱的作用是什么呢？至今考古学家还无法弄清其中奥秘。

图案代表什么

石柱上所刻的花纹图案究竟代表什么呢？例如，石柱上所刻

酷似字母E的图形包含的意思是什么呢？

据调查，肯尼亚的莱恩基列族人自古至今盛行这样一种风俗习惯：人们爱用小刀或其他锋利的器具，在自己的手上划出三个E字形的伤口，并在伤口上搽上盐，等伤口愈合后E形的伤疤就会更加突出显眼，永不消失。他们还爱在家畜身上盖上E字形图案作为标记。

究竟石柱上所刻的E字形与莱恩基列族人喜爱的E字形之间有什么联系呢？总之，这19根石柱上的许多奥秘至今还没有被考古学家所揭示。

延 伸 阅 读

图尔卡纳族是东非的一个游牧民族。在图尔卡纳族里有个有趣的军事制度：即族中的男人分为两个不同的年龄组：石组和豹组。一个男子和他的父亲必须分开在两个对立的组别。传统上，石组和豹组穿着有别，节庆中不同桌而食，作战时也编入不同的军队。

北京城为何缺失西北角

缺失西北角都城的传说

1972年和1975年，资源卫星对北京城进行了高空拍摄，从拍摄的照片来看，最为清晰的是明朝修建的内城城墙。尽管绝大多数的城墙、城楼已荡然无存，但由于旧城墙原址具有非常坚实的地基，因此照片上的影像十分清晰。

其中，最引人注目的是四面城墙的东北、东南、西南角都为整齐的直角，却唯有西北角成了抹角，四角缺了一角，这是什么原因呢？

有一种传说，说的是在明朝初年，燕王修建北京城时，命令手下的两个军师刘伯温和姚广孝设计北京城的图样。他们俩在设计的时候，不知何故眼前都出现了八臂哪吒的模样，于是，两个人就都各自照着画了。姚广孝画到最后，正好吹来了一阵风，把哪吒的衣襟掀起了一块，他也就随手画了下来。

到后来建城的时候，燕王下令说：东城按照刘伯温画的图建，西城则照姚广孝画的图建。而姚广孝画的被风吹起的衣襟，正好是城西北角从德胜门至西直门往里斜的那一块，因而至今那里还缺着一角。

这是明代都城标准建式吗

有人认为，这和明朝的创建者朱元璋有关。朱元璋是接受了"高筑墙，广积粮，缓称王"的建议后统一中国的，深感必须有高深的城墙作为都城的防卫，于是，就令谋臣主持设计城池图样。

当朱元璋看到按照传统规矩设计的矩形图案时，觉得不妥，要求根据《礼记》的"规矩城设，不可欺以方圆"的原则改动一下，并提笔将矩形图案的一角抹去。

随后，由皇帝改动的城池图昭示天下，使明代所建之城大都遵照此式：四角缺一。

后来燕王朱棣建北京城，四面城墙也不能组成矩形，它的东北、东南、西南角是整齐的直角，而西北角从德胜门至西直门一线却成了抹角。

这和西北角的河流有关吗

有的学者认为，元代时的大都城的北城墙，至今遗址仍在，令人注目的是它的西北角并无异常，是呈直角形的。明代重修北京城时，为了便于防守，就放弃了北部城区，在原城墙南边2500米处另建新墙。

由于当时西直门附近河泊密布，沟渠纵横，因此，新建的北城墙西段穿过旧日积水潭最狭窄的地方，然后转向西南里，把积水潭的西端隔在城外，于是西北角就成了一个斜角。这种观点为大多数人所接受。

由于古籍、史书上缺乏记载，因此各家之说难以印证，问题的真正答案尚需进一步探讨。

延 伸 阅 读

近年来，一些地质工作者又提出许多新的看法。城墙西北角最初修建时很可能是直角，但由于西北角城墙最初修建时，城基建在断裂破碎带上，而断裂很可能还有一些微弱性的活动，使城墙的坚固性大大降低了，也许是因为多次倒塌，后来才改进成现在这种抹角式的城墙，以避开断裂带。

独石教堂为何建在山区

为何修建独石教堂

埃塞俄比亚是一个山地高原国，有"非洲屋脊"之称。这里的高山几乎全是火山，石匠们在火山灰和熔岩凝合在一起的岩石上开凿出一座座教堂，最著名的是拉利贝拉岩石教堂群。

拉利贝拉岩石教堂始建于12世纪后期的拉利贝拉国王统治时期，拉利贝拉是一名热忱、虔诚的基督徒。

有一次，他在梦中得到神谕，要求他用一整块岩石建造教堂。于是，拉利贝拉动用20000人，花了24年，凿出了11座岩石教堂，人们将这里称为拉利贝拉岩石教堂，即"独石教堂"。

独石教堂为何建在山区

拉利贝拉岩石教堂共有11座，分成3群。它们在布局、比例、风格上都各有特点，教堂间由地道、深沟和山洞相连。这些教堂至今仍在使用，到教堂礼拜已成为当地村民生活的一部分，礼拜者多得惊人。

这些雄伟的教堂为什么要建在荒凉的山区呢？有人认为，这是为了安全和隐蔽，以防备入侵者的破坏。也有人认为，这是宗教上的原因，教堂必须同大地连成一体，伸向天空，从而把上界和下界连接起来。

同时，还有人认为，当时阿克苏姆王朝的一些先进建筑技术失传了，因此只能开凿岩石来建造教堂。看来，荒凉山区的独石教堂还有许多奥秘未被揭开。

延 伸 阅 读

拉利贝拉教堂是扎格王朝建筑的丰碑，也是埃塞俄比亚人信奉基督教的见证。现在拉利贝拉已经重新修整，1000多名教士在这里侍奉上帝。它的周围已渐渐形成一个市镇，因为，到这里来祈祷和旅游的人太多了。

庙宇般宏伟的地下墓室

举世闻名的新疆重要古迹楼兰古城，位于罗布泊西部，处于西域的枢纽，在古代丝绸之路上占有极为重要的地位。我国内地的丝绸、茶叶，西域的马、葡萄、珠宝，最早都是通过楼兰进行交易的。许多商队经过这一绿洲时，都要在那里暂时休憩。楼兰王国从公元前176年以前建国，到公元630年消亡，共有800多年的历史。王国的范围东起古阳关附近，西至尼雅古城，南至阿尔金山，北到哈密。但是，随着时间的推移，这个王国逐渐在世界

上消失了。究竟为什么会消亡，直到现在仍然是一个谜。

　　楼兰古城是楼兰王国前期的重要经济政治中心。公元4世纪以后，这个在丝绸古道上盛极一时的古城，才无声无息地退出了历史舞台。公元前126年，历尽艰辛的张骞第一次出使西域归来，他在给汉武帝的报告中说："楼兰、姑师邑有城郭，临盐泽。"（《史记·大宛列传》)张骞的报告明确指出，濒临盐泽(即罗布泊)的楼兰和姑师两个国家，都是有城市的。但是，楼兰城究竟在什么地方呢?由于史料上没有明确记载它的方位，千百年来人们都无法知悉，这就成了历史上的一个难解之谜。直到20世纪初，由于瑞典探险家斯文·赫定和新疆的一位勇敢的维吾尔人阿尔迪克奇迹般的发现，这个沉寂千年的古城才得以重见光明，而历史上的"楼兰"之谜也才开始为人们所揭开。

　　1900年春季，瑞典探险家斯文·赫定正在罗布泊西部探测，他的维吾尔族向导阿尔迪克，在返回考察营地取丢失的锄头时，遇到风暴，迷失了方向。但这位机智勇敢的维吾尔族向导，凭借着微弱的月光，不但回到了原营地摸到了丢失的锄头，而且还发现了一座高大的佛塔和密集的废墟，那里有雕刻精美的木头半埋在沙中，还有古代的铜钱。阿尔迪克在茫茫的夜幕中发现的遗址，后经发掘，证实就是楼兰古城。

古城能重见天日，应该首先归功于阿尔迪克的发现。这点，斯文赫定也自有评述。他回忆当年的情景时写道："阿尔迪克忘记了锄头是何等的幸运！否则，我绝不能回到这座古城，这个给亚洲中部古代史带来新光明的重要发现，至今也许不能完成。"新中国成立后，我国一支考察队在去楼兰的考察途中，发现了许多人类活动的遗迹。其中有类似原始社会的装饰品海贝和串珠，还

有古钱币、小铜器和铁器、鞍具、皮鞯等，为研究古丝道的变化和楼兰王国的兴衰，提供了重要依据和线索，特别是在楼兰古城东北白龙堆山坡上，发现了一堆唐代开元通宝，共970枚，大概是古代商队在运输途中掉落的一贯钱。970枚比1914年英国的斯坦因在罗布泊北岸发现的200多枚钱要多得多。当年斯坦因捡获到那些古铜钱，就已如获至宝，大肆谈论，借以证实这条古丝道的存在和走向。今天，我们发现的970枚开元通宝，不是更有力地证明，这条古丝道直到唐代还通畅吗？

楼兰城内最高建筑物是位于城东部的一座高10.4米的佛塔，塔身是由土坯加木料垒砌而成的。塔基为方形，每边长约19.5米。塔身的南面连接着一大片大型建筑遗址，堆集着许多木料，这些木料都经过精细加工。过去斯文·赫定和斯坦因等人，也在此发现过雕刻成各种精致花纹的装饰木板和木雕佛像。古城西北5公里处有一座烽火台，高12米，是用黏土和木料砌成。当时的烽火台大约每隔5公里设立一座，有专人看管。

楼兰城中最显眼的建筑区遗迹是城中部的"三间房"。这三间房的墙壁是城中惟一使用土坯垒砌而成的，坐北朝南，直接对着南城门。东西两端的房屋都是木结构，木料上还残留着朱漆，有的木料长达6.4米。从这一组建筑物的位置和构造等情况分析，这里可能就是当年楼兰城统治者的衙门府所在地。在出土的文书中，有一件文书是很有意义的。有关条文是禁止随便砍伐树木的，"连根砍树者，不管谁都罚马一匹"，"在树木生长时期，应防止砍伐。如果砍伐树木大枝，则罚牝牛一头"。这大概要算

是我国已发现的最早的森林保护法了。早在一千八九百年前，楼兰国的国王、臣民们，已经认识到树木对治理沙漠的作用，并借助法律来保护树木，这是一个很大的成就。

延 伸 阅 读

在考察楼兰古城中，考察队还发现了一条东西走向，穿城而过的古渠道遗迹，可能就是古楼兰城居民直接取水的水源。在城内还发现大量的厚陶缸片、石磨盘断片、残破的木桶和各种钱币、戒指、耳环和汉文木简残片等。这些物品，对研究楼兰古城历史，都是无价之宝。楼兰古城于1988年经国务院批准列为全国重点文物保护单位。

古麻剌朗国王的王陵

意外发现的小国家

古麻剌朗王国是古代东南亚的一个小小的岛国。在明代以前，我国历代朝廷均不知有这个小国的存在。至明朝永乐年间，随着我国经济的繁荣与发展，航海事业日新月异，朝廷不断派出庞大的使团对外进行经济、文化交流活动。

继郑和第七次下西洋之后不久，明成祖又下令让太监张谦率团出使东南亚一些国家，在途经浡泥等国家的航行途中，竟发现

了一个名曰古麻剌朗的小国家。张谦回国后当即将这个重大发现禀报明成祖。

出访古麻剌朗王国

1417年9 月，张谦作为皇帝的特使，手捧明成祖的诏书正式出访古麻剌朗国。他在晋见国王斡剌义亦敦奔时，代表明皇朝向其表达了友好之意，并赠上中国特产绒棉、纱罗、纻丝等礼物。古麻剌朗国王见自己一个小国家竟受到大明皇朝如此恩宠，十分欣喜，心想如果能进一步得到明皇朝的庇护，不但可以凭此抵御周围一些国家的欺压和凌辱，而且还可通过贸易往来、文化交流促进本国的繁荣。

古麻剌朗国国王回访我国

1420年10月，古麻剌朗国王斡剌义亦敦奔决定启程朝贡大明皇帝。国王亲自率官员入贡，受到了明成祖隆重的欢迎和接待。

整个京城锣鼓喧天，鞭炮齐鸣，皇城内锦衣卫陈设仪仗，庞大的宫廷乐队高奏起《感皇恩》曲子。

斡剌义亦敦奔国王入乡随俗，一切按照中国礼仪行事。他和其妻子、儿子、大臣身着大明皇朝朝服，下跪于丹陛，拱手加额，高声三呼成祖皇帝"万岁！"

明成祖由翻译官向来贡国王说："国王远道而来，知尊中国，可佩可嘉，皇帝问您一路辛苦了！"

斡剌义亦敦奔国王回答："兹遇中官张谦，钦诣皇帝陛下称贺。我虽然是国人推选出来的，但未受大明的朝命，望皇帝幸赐之。"

明成祖当即答应了他的请求，下诏书仍以"古麻剌朗国"国号封之，并赐以印诰、冠带、仪仗、文绮、纱罗、金织袭衣，赐王妃冠服，赐各陪臣以彩币、衣服、文绮等物。当晚，明成祖在奉天大殿摆设盛宴款待古麻剌郎国嘉宾。

古麻刺朗国王回国途中病亡

古麻刺朗国王自此在中国一住长达半年，1421年春天，起程回国。不料在路过福建时斡刺义亦敦奔国王染上重病，不久即不幸亡故。明成祖特赐谥号"康靖"，下令由礼部主事亲自主办丧礼，并按王公规格在当地营建陵寝。

1424年10月，古麻刺朗国新国王刺苾为报答明皇朝，派叭谛吉三等人奉金表笺到京，向大明皇上朝贡珠宝、长颈鹿等物。此后因东南沿海倭寇骚扰和西班牙入侵，古麻刺朗国不再派使臣到中国。时光流逝，转眼5个多世纪过去了。这个古麻刺朗国"康靖"王陵究竟在何处？

古麻刺朗国国王葬于何地

不少海内外人士历尽艰辛希望寻找到康靖王陵，但终因历史变迁，至今未能查考到王陵原址。据有关报道称康靖王陵当在福州西郊凤凰池北之茶园山一带。福建省和福州市领导曾多次组织考古工作者去福州市郊踏勘查寻，但均未找到陵址。据凤凰池村老人讲，早年那里确实存在康靖王陵，陵前有石翁仲二，石马、石羊各一，分列在陵墓两边。石人着明朝朝服，一文一武。陵前有一座石碑，碑文字体如蝌蚪状，无人认识。

1952年，在此兴建福州市传染病医院时，有人目睹石人、石马、石羊从茶园山半山坡上被推土机推下山来。目击者说康靖王陵呈圆丘形，陵前竖有两根旗杆，即望柱，面积约300平方米，封土系糯米汁、石灰、沙土拌成、非常紧固。但这些文物无一件保留下来。

据历史记载，自古麻剌朗国王病殁后，每年清明、重阳时节，明朝政府都派官员前往王陵祭祀。留在中国守陵的国王陪臣和他们的后代，均由当地政府发给俸薪和廪食。这些人随着历史岁月的流逝，已与中华民族融合在一起，在中华大地上繁衍生

活。至今还能找到陪臣后裔葛氏家人。

葛蔚庵是葛氏的始祖，康靖王下葬后他就居住在王陵西边的洪塘镇，当地官府奉朝廷之命发给房屋、田产、俸薪。到明末，葛氏家族中已有不少人出人头地，迁往府城定居。至晚清时散居在杨桥头、宦贵巷、仓角一带，大多从事教书，有一叫葛世枢的还当过光绪皇帝的老师。现在葛氏家族中仍有不少是教育工作者，有的还以访问学者身份去欧洲讲学。葛福煌老人是当今葛氏家族的嫡传后人，他住在福州仓角头9号。据他说，仓角的葛氏祠堂原存一族谱，由他保管。

祠堂面积有100多亩，堂内供有葛蔚庵神像，立有"洪塘葛氏祖宗神位"。这可以证实葛氏祖先确实生活在洪塘，可惜后来祠堂改建为学校，族谱在动乱中被焚烧。

然而，康靖王陵究竟在哪里呢？人们从点滴历史资料和调查访问中只能知道它很可能在福州市郊，至于具体何处是王陵原址，还难以考证。

延 伸 阅 读

在我国周边国家有三位国王到明朝朝贡，并病逝于途中，永乐皇帝赐葬于中原，最广为人知的是苏禄王，另外两位是渤泥国王和古麻剌朗国王。许多中国书籍都认为古麻剌朗国位于菲律宾的棉兰老岛。

月亮女神庙是什么样

月亮女神阿苔密斯神庙

公元前2世纪，有位著名的旅行家昂蒂帕特，他在土耳其的以弗斯见到号称"世界七大奇迹"之一月亮女神阿苔密斯神庙。这座结构复杂、规模宏伟的神庙建于公元前560年。

当时的以弗斯是吕底亚王国的工商业中心，地处交通要冲，

非常繁华热闹。后来波斯王大流士一世修筑著名的驿道时，即以以弗斯为起点。以弗斯人非常崇敬月亮女神阿苔密斯。开始，这里只有一座很小的神庙，在一棵空心树干中放着一尊神像。随着以弗斯的日渐繁盛，在公元前560年修建了这座巍峨壮丽的阿苔密斯月亮女神庙。

庙基长127米，宽73米，有10级台阶。台基四周共有127根19米高的柱子，分两行排列。柱子上面是方形的大理石屋顶。在前后两面的32根柱子的顶端均有两米多高的金属座，每个金属座上都是讲述一个神话故事的浮雕，整个神庙就是一件稀世的艺术瑰宝。

19世纪60年代，英国考古学家在这里进行发掘时，找到了一些雕柱残片，其中有一块浮雕残片高约100米，上面的人物栩栩如生，现珍藏在大英博物馆中。

月亮女神庙遭遇劫难

以弗斯城里有个叫埃罗斯特拉特的人，一心要做出一件轰轰烈烈的事情使自己名扬天下，于是在公元前356年亚历山大大帝出生的那天晚上，潜入月亮女神庙，放火烧毁了这座驰名的建筑杰作。这个纵火犯被捕获后，法官对其判处了极刑。法官为了不让他的图谋得逞，下令不许提及他的名字，否则也将被判死刑。2000多年过去了，埃罗斯特拉特这个名字还是被传了下来，不过，它已被当作"疯子"和"精神病患者"的同义词了。

被烧毁的月亮女神庙很快又被重建了起来。262年，哥特人入侵以弗斯，将月亮女神庙里的财宝劫掠一空，然后付之一炬，把它彻底摧毁了。作为"世界七大奇迹"之一的以弗斯阿苔密斯月亮女神庙，永远地消失在人们的视线里了。今天在英国博物馆中还保存着月亮女神庙柱子的一些碑石。

阿苔密斯是谁

阿苔密斯女神，正名为阿尔忒弥斯。阿尔忒弥斯是罗马神话中

的狄安娜。掌管狩猎，照顾妇女分娩，保护反抗和蔑视爱神的青年男女。曾与孪生兄弟阿波罗一起，杀死迫害其母的巨蟒皮同和羞辱其母的尼俄柏及其子女。

她与阿波罗一样喜欢森林、草原，因而也是狩猎女神。按神话里的说法，狄安娜身材修长、匀称，相貌美丽，又是处女的保护神，所以她的名字常成为"贞洁处女"的同义词。据说，她有很多求婚者，但她不愿结婚，宣称自己特别热爱自由，愿意与森林中的仙女们永远生活在一起。因此，在英语中，可用来表示"终身不嫁"或"小姑独处"。

阿尔忒弥斯是众神之王宙斯和黑暗女神勒托的女儿，诞生在萨吉理安月的第六天，也就是阿波罗出生的前一天。为阿波罗的孪生姐姐，在出生下来之后就帮助母亲勒托诞育下了阿波罗，因此阿尔忒弥斯和埃勒提亚亦为希腊神话中的两位助产女神。

延伸阅读

阿尔忒弥斯的容貌极为美丽，是奥林匹斯上上众多女神之中的佼佼者。她的身材曼妙，腰肢纤细，两腿修长，她的皮肤白皙光滑，通身闪耀着月亮般圣洁华美的光芒，她的眉心嵌有一个耀眼的月亮，那是代表她继承满月女神塞勒涅月亮神职的证明。她的棕色卷发一直垂到腰际，随风飘扬，她的眼睛有如月光般梦幻迷离、澄澈又灵动，是所有女神中最美的，瞳孔是深邃幽静的深蓝色。

真的有诺亚方舟吗

诺亚方舟的出处

诺亚方舟是出自圣经《创世记》中的一个引人入胜的传说。由于偷吃禁果，亚当夏娃被逐出伊甸园。亚当活了930岁，他和夏娃的子女无数，他们的后代子孙传宗接代，越来越多，逐渐遍布整个大地。后来，因堕落本性的人的怨恨与恶念与日俱增，人们无休止地相互厮杀、争斗、掠夺，人世间的暴力和罪恶简直到了无以复加的地步。

上帝看到了这一切，非常后悔造了人，对人类犯下了罪孽，心里十分忧伤。上帝说："我要将所造的人和走兽并昆虫，以及空中的飞鸟都从地上消灭。"

在罪孽深重的人群中，只有诺亚在上帝眼前蒙恩。上帝认为他很守本分，他的

三个儿子在父亲的严格教育下也没有误入歧途。上帝选中了诺亚一家作为新一代人类的种子保存下来。上帝告诉他们也将要用洪水实施大毁灭，让他们用歌斐木造一只方舟，分一间一间的造，里外都抹上松香。方舟上面要留有透光的窗户，旁边要开一道门。方舟要分上、中、下三层。

上帝看到方舟造好了，就说："看哪，我要使洪水在地上泛滥，毁灭天下，凡地上有血肉、有气息的活物无一不死。我却要与你立约，你同你的妻子、儿子、儿媳都要进入方舟。凡洁净的畜类，你要带七公七母；不洁净的畜类，你要带一公一母；空中的飞鸟也要带七公七母。这些都可以留种，将来在地上生殖。"

2月17日那天，诺亚600岁生辰，海洋的泉源都裂开了，巨大的水柱从地下喷射而出。天上的窗户都敞开了，大雨日夜不停，降了整整40天。水无处可流，迅速地上涨，比最高的山巅都要高。凡是在旱地上靠肺呼吸的动物都死了，只留下方舟里的人和动物的种子安然无恙。方舟载着上帝的厚望漂泊在无边无际的汪洋上。

上帝顾念诺亚和方舟中的飞禽走兽，便下令止雨兴风，风吹着水，水势渐渐消退。诺亚方舟停靠在阿拉拉特山。又过了几十天，诺亚打开方舟的窗户，放出一只乌鸦去探听消息，但乌鸦一去不回。诺亚又把一只鸽子放了出去，要它去看看地上的水是否退了。由于遍地是水，鸽子找不到落脚之处，又飞回方舟。七天之后，诺亚又把鸽子放出去，黄昏时分，鸽子飞回来了，嘴里衔着橄榄叶，很明显是从树上啄下来的。再过七天，诺亚又放出鸽子，这次鸽子不再回来了。

诺亚601岁那年的1月1日，地上的水都退干了。诺亚开门观望，地上的水退净了。到了2月27日，大地全干了。于是，上帝对

诺亚说："你和妻儿可以出舟了。你要把和你同在舟里的所有动物都带出来，让它们在地上繁衍滋长吧。"于是，诺亚全家和方舟里的其他生物，都按着种类出来了。后世的人们就用鸽子和橄榄枝来象征和平。

这就是"诺亚方舟"故事的由来，虽然是个传说，如果能证明"诺亚方舟"也是真实的，那么这个发现肯定将在全世界引起轰动。所以，很多年以来，许多国家的《圣经》考古学家都希望揭开这个千古之谜。

阿拉拉特山上有方舟吗

《圣经》清清楚楚地记载着诺亚方舟停靠在阿拉拉特山顶，这样，它就给人们留下了一个流传千古的谜：阿拉拉特山上到底有没有诺亚方舟呢？

阿拉拉特山位于土耳其、伊朗和前苏联交界的地方，山势陡峭，终年积雪。公元前300年，巴比伦的一个祭司和作家洛贝斯曾在一本书中说，有人曾走近过诺亚方舟。

13世纪意大利著名的旅行家马可·波罗离开我国后，曾实地去过阿拉特山，他在日记中记道：诺亚方舟依然停泊在山峰的极顶，那里终年积雪，方舟就淹没于积雪之下。

人类不断寻找方舟

千百年来，不论是历史学家、考古学家，还是探险家、信仰宗教的人，都蜂拥而至，历尽艰难，要寻找到那与我们命脉息息相关的方舟。从1792年到1876年，探险家们屡次登上了阿拉拉特山顶，但终不见方舟踪影。

1883年，一次大地震使阿拉拉特山的一个地段裂开了一道大口，突然露出了一艘船。当时有个赴地震灾区考察灾情的委员会的所有委员都看到了这艘12米至15米高的大船，因为一大部分还

嵌在冰川里，无法估计它的长度。

这个消息震惊了全世界，从此，寻找诺亚方舟的热潮再次席卷全球。

1955年7月5日，法国探险家费尔南·纳斯和12岁的儿子拉斐尔在一条山缝的底部，找到一块方形的经过加工的木料，经碳−14测定，这块木料已有5000年至6000年的历史，即与公元前4000年建造诺亚方舟的年代是吻合的。1974年，土耳其卫星在阿拉拉特山再次拍到方舟卫星图片。

人们一定要找到方舟，因为它是人类的摇篮，可是找到方舟到底又有何用？也许，诺亚方舟还没有找到，上帝又在密示开始打造下一艘方舟了。

延 伸 阅 读

1989年，美国查克·阿伦驾驶直升机在飞临阿拉拉特山时也发现了被冰川覆盖了一部分的方舟。第二次世界大战后，前苏联马斯科莱茵少校驾驶一架飞机，也在阿拉拉特山上发现一艘巨大的木船，船只的一半已没入冰河中，长度大约120米，与《圣经》记载的125米基本吻合。

木乃伊是如何形成的

墨西哥木乃伊的恐怖

用人工药制的木乃伊并不稀奇，以此而形成的木乃伊博物馆也不奇怪。但位于墨西哥的瓜纳法特木乃伊博物馆里保存的几百具木乃伊的标本就不同了。因为这所博物馆里的木乃伊都没有经过任何防腐处理，这些尸体都是从棺材里搬出来，陈列在玻璃橱里供人参观的。

这些木乃伊可以说是其他博物馆所没有的，不但尸体没有腐

化，而且更令人毛骨悚然的是所有的木乃伊或坐或站，其形状异常恐怖，曾吓倒许多游客，许多听说此事后的参观者当场被吓昏过去。即使是胆子大的，走进去也会被吓得魂飞魄散。让人感到可笑的是博物馆当局在出口处竖了一块警告牌："希望驾车来的游客最好不要立即开车。"怕驾车的人在惊吓之余会出车祸。

木乃伊的身份

墨西哥的气候环境大致上与埃及的气温相差不多，按常理说在尸体的保存上，假如未经防腐处理尸体不可能不腐化。而这里的木乃伊比埃及的木乃伊要完整得多，也恐怖得多，其陈列品的年龄，从老至小，甚至还有胎儿。

博物馆特别声明，这些陈列的木乃伊都不是什么贵族身份，只是极普通平凡人的尸体。其中年代最久的是104年前死去的人，新的是1960年才死去的人。

木乃伊的死相

在许多玻璃橱窗里，一些木乃伊默默的以空洞的眼神迎接着参观的游客。陈列在那里的木乃伊各有各的死相，有穿着衣服不像衣服的女孩，有穿着一只鞋子的死者，还有抱着孩子的女人，这里面竟还有一个身着燕尾服的绅士。

从死相上看，这些都属于正常死亡，死时好像没有发生什么特殊情况。但有的木乃伊可就不同了。其中有一个木乃伊很明显是在斗殴时被刀子捅死的，他的眼球突出，一副痛苦不堪的模样；另一个是受刑致死的人，舌头还伸在外面，看得出死的时候很痛苦；还有一位女性木乃伊好像是被活埋的，从她的样子推测出她在棺中苏醒时经过拼命的挣扎，显然她的努力是徒劳的，她的死相恐怖绝望，令人毛骨悚然。

尸体为何不腐化

所有的尸体并没有经过特殊的处理，都是自然形成的木乃伊，那为什么在自然的空气中不会腐化呢？据研究，可能是与这里的空气湿度与地域性空气的化学成分有关。这里是墨西哥最著名的干旱地带，空气中含有很多硝，这是一种自然形成的防腐剂。但这是不是天然木乃伊形成的原因，还有待于科学家的进一步研究。

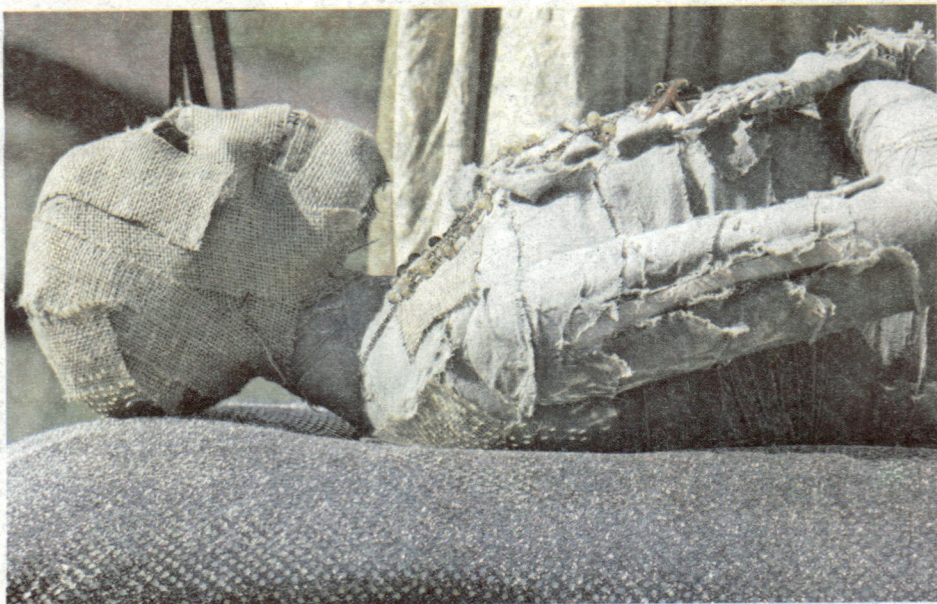

古埃及人的观念

很早的时候，古埃及人就有灵魂不死的观念。他们把人的死亡，看成是到另一个世界"生活"的继续，因而热衷于制干尸、修坟墓，以让死去的人在另一个世界里生活得更好。

他们用盐水、香料、膏油、麻布等物将尸体泡制成木乃伊，再放置到密不透风的墓中，就可经久不坏。然而，尸体只是经过简单的炮制就能达到经久不坏吗？事实上，木乃伊的制作要复杂得多。那么，木乃伊是如何制作的呢？

木乃伊制作步骤

前后3000多年间，古埃及人将尸体制成木乃伊的方法有不少改变。不过多数学者、专家认为防腐方法在公元前10世纪左右发展至巅峰，当时一位第一流的防腐师是依据下列步骤制作木乃伊的。

首先，用燧石刀在尸体腹部左侧开个0.1米长的切口，从切口处把心脏以外的其他内脏都掏出来，逐一用酒和含有药液、桂皮的香料加以清洗。防腐师还用香柏油冲洗尸体腹腔，把余下的柔软组织分解，接着，进行脑部处理。然后，把尸体全身每部分都彻底清洗，并把所有器官和尸身埋进泡碱粉末堆中，抽干水分。接着，防腐师把干透的内脏逐一以麻布包好，放回腹腔，用锯屑、麻布、焦油或泥巴之类的填料填好腹腔。填放完毕，随即将切口缝合。这时剩下来的工作是使尸体外观复原，这也是最费功夫的，因为要把干瘪的尸身恢复到生前模样实在不容易。最后，防腐师还要充当化妆师，用称为赭石色的泥土给死者面部以至全身染色，男死者染红色，女死者染黄色。染色完毕，尸体即可包裹。防腐师将尸体四肢分别以抹过松香的麻布一层一层地密实包裹，然后包裹头部和躯干，最后全身裹起来。防腐师包好尸体，

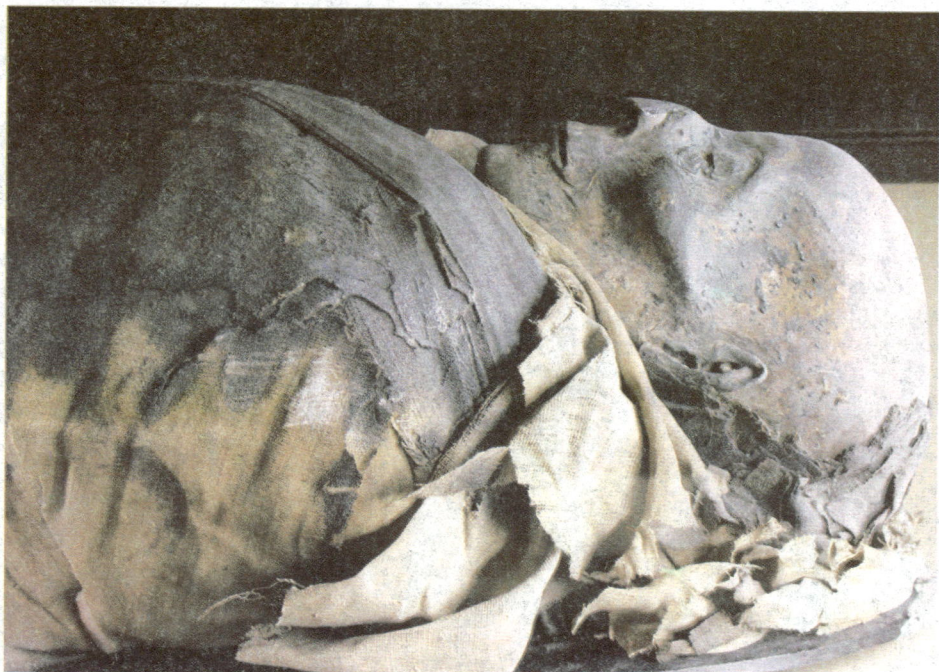

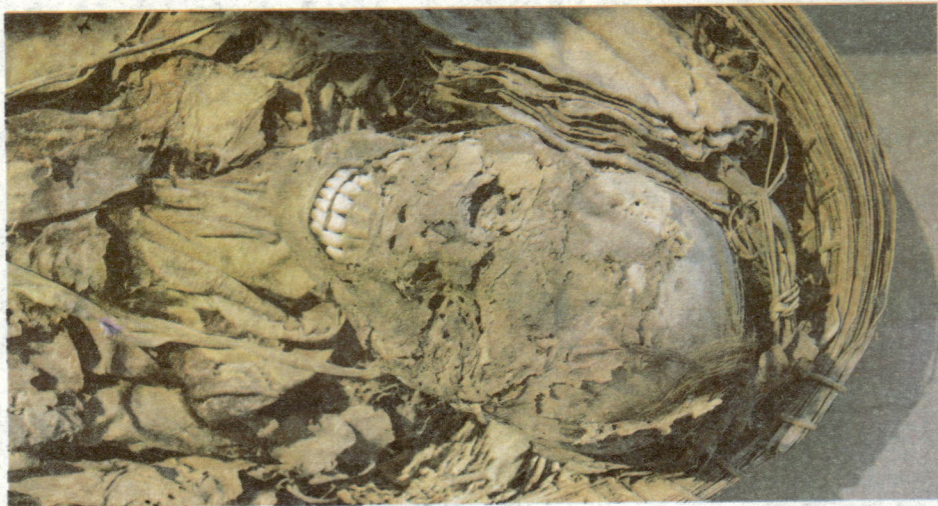

做成一具木乃伊，前后共需花约70天时间。防腐师把木乃伊送还丧主后，丧主再装棺送墓。

当然，这也只是专家的一种推测，其真正的制作方法还有待进一步去探索。

延 伸 阅 读

印加人山地木乃伊：印加人将童男童女供奉给神灵，而安第斯山脉的干冷空气将他们的身体冷冻起来。他们或许是20世纪最重要的木乃伊发现。这些木乃伊被厚厚的布料捆绑着，成为印加人的珍贵遗迹。从这些木乃伊的身上可以了解许多秘密，尤其是他们的血液仍然凝结在血管中，这是极其罕见的发现。